Hans-Erhard Henningsen

AF216551

Das Elend geht weiter

Jamaika-Gedichte

Ein bunter Strauß von Reimen
in rot, grün und gelb, mit einem
Klecks von schwarzem Humor

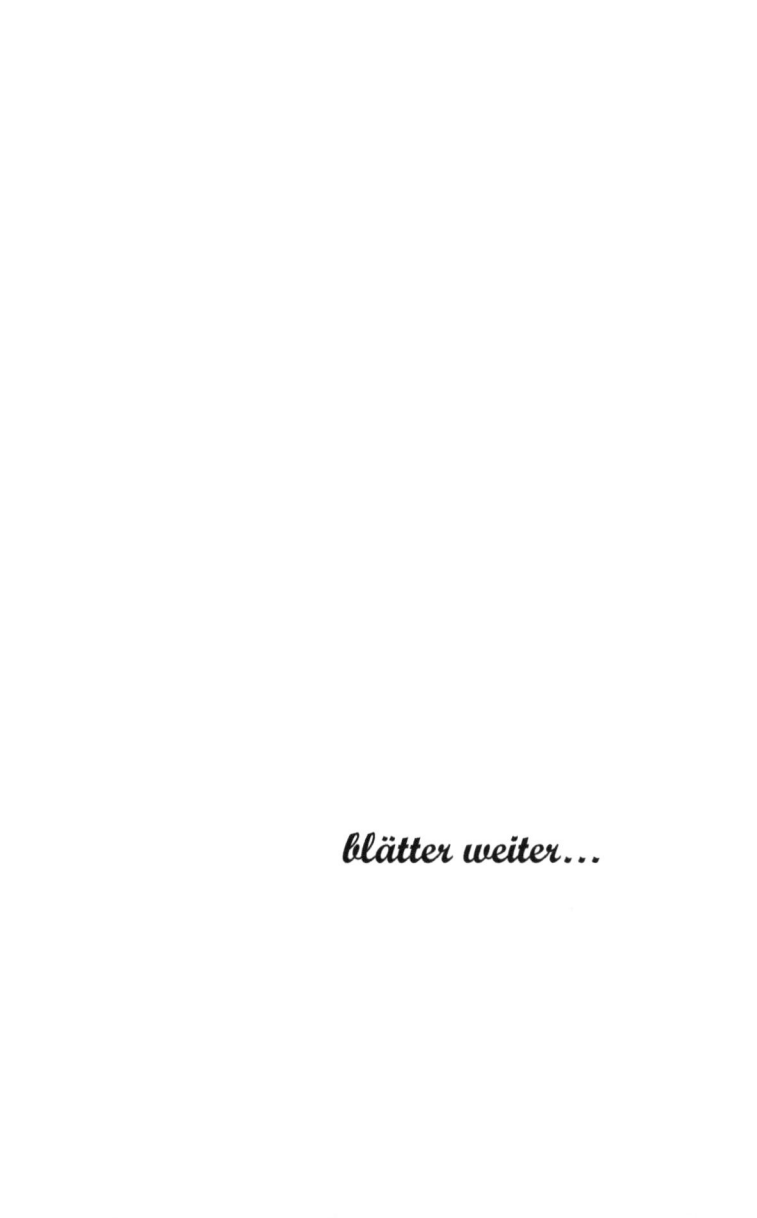

blätter weiter...

noch weiter...

geht gleich los…

Bibliografische Information der Deutschen
Nationalbibliothek

Die Deutsche Nationalbibliothek verzeichnet diese
Publikation in der Deutschen Nationalbibliografie;
detaillierte bibliografische Daten sind im Internet über
dnb.dnb.de abrufbar

© 2019 Hans-Erhard Henningsen

Herstellung und Verlag: BoD-Books on Demand
Norderstedt

ISBN: 978 3748 163 152

Das Elend geht weiter

Jamaika-Gedichte

Ein bunter Strauß von Reimen und Gedichten
in rot, grün und gelb mit einem Klecks von
schwarzem Humor

Warum Gedichte?

Zunächst einmal geht es um gute oder schlechte Gedichte, aber gibt es so etwas überhaupt, kann man sie überhaupt in eine Schublade stecken?

Jedes Gedicht und jeder Reim hat die gleiche Berechtigung, so wie ein Gemälde, das kann genau so vielfältig sein. Ob der Ausdruck nun auf Leinwand mit Ölfarbe, oder auf einer bedruckten Papierseite in Form von Reimen gezeigt wird, macht keinen Unterschied, für die Musik gilt dies in gleicher Weise. Ich denke, in Reime geformte Gedanken sind so verschieden wie die Eindrücke, die Gemälde zwischen dem Bild der Mona Lisa und den Darstellungen von Andy Warhol vermitteln, so vielfältig und unterschiedlich wie Musik von den Rolling Stones oder von Beethoven, alles hat seine Berechtigung.

Dabei ist es dem jeweiligen Betrachter, dem Hörer oder dem Leser freigestellt, ob er dies mag oder auch nicht mag. Mancher mag Bilder von Kadinsky, auch wenn da im Einzelfall nur ein paar Striche oder Wellenlinien zu sehen sind, andere schwören auf alte Meister oder auf Impressionisten.

Emil Nolde oder Kokoschka sind nicht jedermanns Sache, Sammler zahlen Millionen für den ›Schrei‹ oder Van Goghs ›Sonnenblumen‹, andere finden diese Gemälde nicht besonders attraktiv, mit Gedichten ist dies nicht anders. Sie sind geschrieben, um bestimmte Eindrücke zu vermitteln. Sie sind in einer bestimmten Situation zu Papier gebracht worden, am nächsten Tag hätte der Poet sie vielleicht überhaupt nicht mehr so formulieren können oder wollen. Einer wird beim Lesen nachdenklich, der Andere schüttelt verständnislos den Kopf. So ist dies wie beim Betrachten eines Gemäldes, der Pinsel wurde von der Hand gehalten und die Hand vom Kopf gesteuert, so entsteht die Vielfalt. Die schreibende Hand führt aus, was der Kopf denkt, und das kann von einem auf den anderen Moment sehr unterschiedlich sein, das ist es, was den Reiz der Reime ausmacht. Niemand muss alles mögen, auch mute ich meinen Lesern in Bezug auf unsere Sprache Einiges zu, insbesondere, wenn Leser zur Gilde der Lehrer, oder noch gravierender, zu den Germanisten im besten Sinne gehören, bitte entschuldigt mir so viele Ausrutscher, aber ich habe diese Ausrutscher gerne zu Papier gebracht, ich wünsche Euch viel Spaß (hoffentlich) beim Lesen.

Hans-Erhard Henningsen

Die Gedichtanfänge

62 Wenn ein Boot im Wasser schwimmt
63 In dem Kochbuch Seite drei
64 An einem Übergang der Bahn
65 Ein Banause trinkt zu Hause
66 Auf einem schneebedeckten Berg
67 In fernem Land vor langer Zeit
68 Dann sprach der Herr: „Es werde Licht"
69 Der erste Mensch das war laut Bibel
70 Gekochtes Landei mit Spinat
71 Piff macht es, paff, oder auch bum
72 Zweimal zehn Autos fahren im Kreis
73 Der Zwickel in der Unterhose
74 Gut ist für des Sängers Seele
75 Lampen rot und weiß und gelb
76 Du wirst geboren und bist leer
77 Finger und die Füße kalt
78 Es tropft von einer roten Nase
79 Der Kaffee kalt, das Brötchen hart
80 Meine Ur-Urahnen waren
81 In einem Aqu-Aquarium
82 Die Fliege sprach zu einer Fliege
83 Als Gott sprach: „Es werde Licht"
84 Morgens geh ich auf die Waage
85 An der Nase hängt ein Pickel
86 Die Fledermaus hängt über Kopf
87 Ein Bettler sitzt am Straßenrand
88 Ein Mann der nur drei Haare hat
89 Ich fütter Vögel hin und wieder
90 Ein Sonnenschirm wird auf gemacht
91 Wer ohne Geld ein Amt ausübt
92 Wenn einer in der Kiste liegt

Eines für jeden Tag des Jahres, und eines
als Schaltjahr-Reserve, das war es.

Warnung !

Wer Gedichte nachmacht
oder verfälscht, oder
nachgemachte oder
verfälschte Gedichte sich
verschafft oder in Umlauf
bringt, ist ein Schuft.

Wer sie im Original
auswendig lernt, oder für
deren Verbreitung sorgt,
wird in höchsten Tönen
gelobt werden.

Vieles von dem was nun
kommt, ist Blödsinn, aber
nicht so blöd wie das, was
rote, grüne, schwarze oder
gelbe Menschen gelegentlich
von sich geben.

1
Wofür Menschen ?

Die Tinte fließt im Schreibgerät, das
Schnitzel in der Pfanne brät, der Ofen hält
mit Glut die Wärme, für die Verdauung sind
die Därme, Pantoffeln sind für warmen
Fuß, und für die Seele ist der Kuss.

So ist nichts ohne Grund auf Erden, jedoch,
wofür sollen Menschen werden?

2
Ein Dampfer

Ein Dampfer reitet durch die Fluten, zerteilt
Wind und Wellen, man hört ihn laut und
deutlich tuten, und nicht wie Seehund
bellen.

Der Dampfer dampft, drum heißt er so, und
Segel hat er nicht, dann wär er ja ein
Segeldampf, und das ist Blödsinn schlicht.

3
Der Mensch, die Fehlkonstruktion

Der Mensch ist doch, ich glaube schon, die
fehlerreiche Konstruktion. Er friert so oft,
weil er kein Fell, wird müde häufig viel zu
schnell, verträgt das fette Essen nicht,
leidet häufig unter Gicht, es schmerzt ihm
auch das Knie recht häufig, dagegen ist er
immer läufig. Der Wadenkrampf kommt
unverhofft, und wenn er länger geht im
Wald, hat er Muskelschmerzen bald,
so ist das Ebenbild von Gott,* leider oft nur
Menschenschrott.

* Altes Testament, 1. Mose-Kapitel 1

4
Matrosen

Dreizehn trunkene Matrosen, wollten eine
Frau auslosen, wer von ihnen, querab Boje,
durfte mit ihr in die Koje.
Das hat der Kapitän gehört, und das hat ihn
sehr verstört: „Man lost doch nicht um eine
Frau, so etwas tut nur eine Sau.“
Da küssten alle ihr die Hand, und ruderten
sie flugs an Land, und winkten noch zum
Abschied schnell, mit Taschentüchern zum
Bordell.*

* Bordell ist ein lustiges Häuschen mit niedlichen
Mäuschen, warum grinst du, schon mal dort gewesen?

5
Tante Friedas Sarg

Der Tischler hobelt sich ein Brett, für einen
Schrank, nicht für ein Bett, und dann hat er
im Orderbuche, noch einen Sarg aus reiner
Buche. Tante Frieda soll drin liegen, sollte
er das Erbe kriegen, das regelt Tante Frieda
prompt, weil sie den schönen Sarg
bekommt.

6
Der Atheist

Ich glaube nicht an Jesus Christ, daher bin
ich ein Atheist. Ich glaube nicht an
Bibelworte, glaub nicht an eine
Himmelspforte, die Hölle ist mir auch egal,
der Glaube ach, der war einmal.

Das größte Unrecht auf der Welt, kommt
wenn die Kirchenglocke schellt, oder wenn
Islamgewalt, mit Sprengstoff durch die
Gegend knallt. Seit Anbeginn, seit unserer
Zeit, hat Frömmigkeit die Welt entzweit.
Die Erde ward mit Blut getränkt, und
manch ein andrer ward gehenkt, weil er
vom falschen Glauben war, so ist das viele
tausend Jahr.

Ein jeder glaubt, nur er glaubt richtig, alle anderen sind nicht wichtig, und forderst du Beweise ein, fangen alle an zu schreien. Sie negieren Wissenschaft, auch wenn die etwas Klarheit schafft, und krampfhaft halten sie dann fest, was sich niemals belegen lässt:

„Es werde Licht," so ist's gewesen, man kann es in der Bibel lesen: „Nein, das hat doch unser Gott gemacht, dass morgens früh die Sonne lacht, er ist alles, mild und gut," da packt mich schon die große Wut. Er kann alles, tut es nicht, lässt morden, hungern und erfrieren, lässt hängen, schießen, massakrieren, weil dieses nicht mein Glaube ist, bin ich sehr gerne Atheist.

7
Schlafen

Ein jeder schläft auf seine Weise, die Kuh ganz anders als die Meise, das Huhn sitzt wohl auf einer Stange, mal eine kurze, mal die lange. Der Fuchs schläft nachts in seinem Bau, hört dort kein Bellen, kein Miau, die Maus kriecht in ihr Mauseloch, der Wachhund schläft in Hundehütte, die Katze hinterm warmen Ofen, der Mensch wird wohl im Bette poofen.*

Wie schläft ein Fisch im Ozean, der Aal der
von Sargasso kam, wie schläft der Hecht,
der Hering, Stint, der alte Karpfen mit dem
Kind, wie schläft der Wal, die Krabbe,
Qualle, wie schlafen diese Tiere alle? Ich
weiß es nicht, kann es nicht sagen, werd
mal im Lexikon nachschlagen.
* Poofen gibt es laut Duden wirklich, darf mit o oder
mit oo geschrieben werden, umgangssprachlich für
schlafen

8
Technikgläubigkeit

Bei Computern, Bits und Byte, ist der
Irrsinn nicht mehr weit, technikgläubig bis
zum Schluss, nicht weil man will, doch weil
man muss. Niemand kann den Wahnsinn
stoppen, jeder will's noch besser toppen,
weil's schneller geht und sehr modern, so
sagt man's überall sehr gern.
„Wofür denn Tempo?" muss man fragen,
die Antwort kann dir niemand sagen.

9
Pinguin

Es war einmal ein Pinguin, geboren war er
wohl in Wien, der hatte Sehnsucht nach
dem Eis, in Österreich war's ihm zu heiß.

10
Als ich noch tot war

Irgendwann war ich noch tot, hatte mit
Zahnschmerz keine Not, mich ärgerte das
Wetter nicht, ich litt gewiss noch nicht an
Gicht, hatte auch nicht Mobbing-Sorgen,
dachte nicht, was wird nur morgen? Mich
ärgert kein TV Programm, und auch nicht
Bettzeug das oft klamm, die Politik regt
mich nicht auf, und auch nicht blöde
Zeitungsenten, nicht das Niveau der
Altersrenten, ich hatte einfach nur die Ruh,
und nicht einmal drückt mir der Schuh.
Danach im Lebenskreis lebendig,
jahrzehntelang der Erdenstress, die
Ellenbogen immer draußen, man hört den
Wind und Autos sausen, und man erkennt
meist viel zu spät, woher der Wind im
Grunde weht. Wirst ausgelaugt durch
falsche Freunde, an vielen Stellen tobt ein
Krieg, Egoismus, Geiz und Neid, und
Falschheit steht an erster Stelle, strahlt
heller als der Stern, der Helle. Irgendwann
bist wieder tot, auf Erden deine Pflicht
getan, dein Seelenleben ist im Lot, spielst
Harfe auf der Wolke sieben, klingt noch
nicht gut, du musst noch üben.

11
Die Seebestattung

Auf eines Meeres tiefem Grund, liegt ein
toter kleiner Hund, ich weiß nicht von
welcher Gattung, es war wohl eine
Seebestattung.

12
Letzte Geräusche

Der letzte Lärm auf dieser Welt, ist wenn
die Totenglocke schellt, das hörst du nicht,
jedoch du weißt, dass man dreimal mit
Erde schmeißt, auf deine Kiste in der
Grube, auf deine wunderschöne Truhe, und
erst danach kommt deine Ruhe. So ist dies
alter Christenbrauch, dreimal fliegt Erde
auf den Bauch, für Vater, Sohn und Heiligen
Geist, so wie es in der Bibel heißt.

Und dann hast du endlich Ruhe, kein
Grammophon kein Rasenmäher, nicht
Schlager, Rap und Popmusik, die Trommel
nicht, kein Vibraphon, auch von der Orgel
keinen Ton.
Es weint nicht mehr die Violine, es singt
auch nicht mehr die Cousine, Töne nicht
von dem Tenor, und auch nicht vom
Kirchenchor. Jedoch da Ruhe erst im Tod,
muss noch nicht sein, hat keine Not.

13
Der hungrige Hund

Ein Hund vor einem Schlachterladen, wollt
gerne einen Knochen haben, er dachte sich,
wie mach ich's bloß, wie werd ich meine
Leine los? Begann zu nagen und zu reißen,
um seine Leine durch zu beißen.
In dem Moment kam Schlachter Schulze,
mit einem Eimer voller Sulze,* auf Glatteis
glitt der Meister aus, stürzt hin mit seinem
Hundeschmaus. Vor Bellos Maul, so hieß
der Hund, landen Magen, Leber, Schlund.

Der Hund mit gutem Appetit, verschlingt
was da so zu ihm glitt, vergisst die Leine,
lässt sie ganz, und wedelt freudig mit dem
Schwanz. Allein der Schlachter namens
Schulze, beklagt die schöne gute Sulze.

* alternativ: Schlachter Schülze, mit einem Eimer
voller Sülze, ha, ha

14
Schlafender Hund

Ein Hund der müde ist vom Laufen, legt sich
aufs Sofa zum Verschnaufen, er reckt die
Pfote, legt den Kopf, und rollt den Schwanz
zu einem Zopf. Die Katze kommt, und sieht
den Hund, der schnarchend liegt mit
offenem Schlund.

Die Mieze schnurrt nicht mehr zufrieden,
sie sieht den dicken Hund da liegen. Sie
denkt noch, wie stell ich es an, dass ich
demnächst dort liegen kann? Sie springt
hinauf und in dem Satze, haut sie ihn mit
der Krallentatze. Der Hund springt bellend
fort vor Schmerz, sein lautes Jaulen dringt
ins Herz. Die Katze aber sehr zufrieden,
sieht man jetzt auf den Kissen liegen.

Und die Moral von der Geschicht: Zwei passen auf ein
Sofa nicht

15
Bunte Flaggen

Die Flagge ist aus buntem Tuch, ist mal ein
Segen, mal ein Fluch. Nationales Tuch ist
schön, bunt und herrlich an zu sehn, dazu
schmetterten Fanfaren, wenn die
Menschen Sieger waren. Wenn sie aber
nicht gewonnen, und das Tuch den Sarg
bedeckt, und wir stehen davor benommen,
wenn wir dann den Tod entdeckt, dann ist
nationale Farbe, eine schrecklich rote
Narbe. Die Fahne flattert uns voran, wer
hat uns das bloß angetan? Sprüche,
nationaler Wahn, und völlig wird vom Geist
verdrängt, was da aus vielen Fenstern
hängt.

Wie schon bei Wilhelm Tell den Hut, Symbole grüßen
ist nicht gut

16
Beine

Der Dackel der hat kurze Beine, die
Schlange und der Wurm gar keine,
Flamingos alt oder als Kind, Beine die wie
Stangen sind, und wer mit Luxus leben
muss, lebt auf besonders großem Fuß.

Ein Elefant hat Bein wie Stampfer, zertritt
am Bahndamm Sauerampfer, und eine
kleine graue Laus, hat Beine kleiner als die
Maus. So muss es auf der Welt wohl sein,
mal ist Bein groß, mal ist es klein.

17
Musikalischer Elefant

Es saß ganz hoch im Apfelbaum, ein junger
Elefant, es machte Spaß zu ihm zu schauen,
er spielte eine Geige, das war ihm gar nicht
zu zu trauen, er hatte nie Musik studiert,
und eine Geige nie probiert, und dennoch
klang es wunderbar, das Violinkonzert in
Moll, wie fand's du das?

Ich fand es toll.

Gut dass er kein Pianist war, wie soll man ein Klavier in
einen Apfelbaum bekommen?

18
Fettleibigkeit

Das ist nicht schön, das ist nicht gut, nicht
gut fürs atmen und das Blut, nicht gut für
Knochen und Gelenke, und auch nicht für
die Spreizfußsenke.

Der Dicke kauft jetzt viel Gerät, extrem
bewegen und Diät. Gibt Geld aus reichlich
für ganz wenig, kein Zucker nein, und auch
kein Fett, sonst geht der dicke Bauch nicht
weg.

Er meldet sich in den Verein, er will doch
wieder schöner sein, und auch gesund und
frisch und munter, so strampelt er sich Fett
hinunter, gibt Geld aus nur um dünn zu
sein, das kann doch wohl nicht richtig sein.

In manchen Ländern dieser Welt, da
brauchen viele Menschen Geld, die haben
keinen dicken Bauch, sie hungern und sie
sterben auch, weil sie davon zu wenig
haben, und niemals satt sind, sondern
darben.
Warum ist eigentlich das Geld, so falsch
verteilt auf dieser Welt?

19
Wettervorhersagen

Ein Wetterfrosch sagt abends spät, dass es
in der Nacht wohl weht, und Regen kommt,
und Wasserstand überschwemmt das
ganze Land. Am nächsten Morgen alles
fein, der allerschönste Sonnenschein,
schöne Luft und Morgensonne, das Wetter
ist die größte Wonne.

Auch ein Experte irrt sich mal, frisst Dorsch und denkt,
es war ein Aal

20
Die Dampflok

Sie dampft und qualmt, sie pocht und
zischt, hab sie mit Kamera erwischt, kurz
vorm Signal, dem roten, alten, da musste
diese Dampflok halten.

Da blieben Junge, Alte stehen, um sich die
Technik an zu sehn. Sie tropft, die Wärme
strahlt herüber, und Glut fällt auf die
Schwellen, da sieht kein Mensch zum ICE,
hinüber zu dem schnellen.

Die Kolbenstange glänzt vom Öl, der Heizer
prüft die Kohlen, die ganz moderne Technik
nur, die soll der Teufel holen.

21
Licht

Wer nicht auf Schnauze fallen will, der
macht sich Licht, besonders viel, beleuchtet
Treppe, Haus und Hof, auf die Schnauze
fallen ist doof.

22
Das Affenkind

Ein Affenkind aus Afrika findet Deutschland
wunderbar, es wäre hier so schön im Wald,
wär's nur im Winter nicht so kalt.

23
Falsche Freunde

Du latscht in Haufen Hundekot, da lachen
sich die andren tot, haust dir mit Hammer
auf die Finger, und ganz blau sind dann die
Dinger, fällst du bei Glatteis auf die Nase,
und entleert sich deine Blase, was sie nicht
soll in Unterhose, kleckerst mit
Tomatensoße, dann lachen alle andren
Leute, so war das gestern und auch heute.
Mitleid oder Mitgefühl, gibt es nicht
besonders viel.

24
Der Bio-Einkauf

Vor eines Ladens Fenster-Schau, steht eine
mittelalte Frau. Obst will sie kaufen, auch
Banane, und ein Töpfchen guter Sahne,
Salat daraus für ihren Mann, ihm zeigen
was sie alles kann. Als Hauptgang wählt die
gute Frau, ein Schinkenstück von einer Sau.
Sie geht hinein mit Einkaufswagen, sie kann
das ja nicht alles tragen. Dann kauft sie ein
nach Herzenslust, auch noch vom
Hühnchen eine Brust, und Marmelade,
Käse, Wurst, und etwas Bier gegen den
Durst, von Paprika den bunten Dreier, legt
alles auf die Hühnereier. Als sie dann zur
Kasse kommt, da fällt ihr Auge richtig satt,
auf ein Reklameblatt.

Ein Sonderangebot steht da, und in der
Obstabteilung gar, gibt es garantiert nur
heute, für die ersten hundert Leute,
Biokost vom Feinsten nur, alles saubere
Natur. Sie schwankt, sieht auf das
Schinkenstück, und auf die Marmelade,
kippt alles aus, legt es zurück, das ist so
richtig schade. Sodann kauft sie für ihren
Schatz, was gut ist und gesund, und Bello-
Fiffi-Bionahrung auch noch für den Hund.
Sie haben es dann überlebt, das Bio und
Gesund, dies betrifft zunächst den Mann,
doch auch den lieben Hund.

25
Ohrschmalz

Der Dreck im Ohr dämpft ohne Frage,
Musik, Geräusch, doch auch die Klage. Du
hörst nicht jammern und nicht wehen,
kannst niemanden so recht verstehen, du
hörst nicht mal, wenn man dich lobt, wenn
draußen Winterwetter tobt.   Es ist so still,
es ist so schön, wenn andere vorüber
gehen. Ein Auto rast, du hörst es nicht, du
hörst kein Donnergrollen, und kein
Lawinenrollen.

Nur deine Frau die jammert oft, weil du sie
nicht verstehen kannst, und heimlich, leise
und ganz still, dankst du dem Herrgott,
der's so will. Du hörst nicht: „Bring den
Müll nach draußen," du hörst auch nicht
den Sturmwind sausen: „Ich brauch mehr
Kostgeld," kommt nicht an, bei einem alten
tauben Mann.

Für jedes Ding gilt, wie für Schmalz, die
stille Bitte: „Gott erhalts."

26
Hungrige Eule
Die Eule wartet auf die Maus, und möchte
sie verspeisen, da kann sie lange warten,
denn die wollte verreisen.

45

27
Die U-Bahn

Unter der Erde fährt im Kreis, die U-Bahn
auf dem langen Gleis. Verbindet Straßen
und Stationen, verbindet Menschen die da
wohnen, und viele Meter weiter oben,
sieht man den Straßenalltag toben.
Unfallwagen, Feuerwehr, ein großes
Fahrzeug voll mit Teer, ein Kinderwagen
fährt vorbei, darin nicht ein Kind, sondern
zwei, mit einem Fahrrad ein Student, die
Oma, die dem Bus nachrennt. Und dann
die Sonne, viel zu heiß, und erst im Winter
dann das Eis, der Regen der die Haut
benetzt, der Mensch der durch dies Wetter
hetzt, der sich beschmutzt mit Matsch und
Dreck, nur leider war die U-Bahn weg. So
jammert er und eilt zurück, und findet
dort, er kann's schon sehn, die nächste
Bahn am Bahnsteig stehen.

Hier unten ist die Welt in Ordnung, ob es in
Hamburg oder Dortmund. Hier ist es ruhig,
ist es still, das ist, was unser Mensch nur
will. Unter der Erde geht es schnell, das Ziel
die Kirche, das Bordell, ob man zum
Rathaus will, zum Zoo, zum Arbeitsamt,
zum Herrenklo, die U-Bahn ist für uns ein
Segen, es gibt kein Eis, nicht Sturm und
Regen, jedoch ist gegen die Natur, man
sieht den U-Bahn Tunnel nur.

28
Bringen

Die Erleuchtung bringt die Lampe, gute
Torte meine Tante, der Wetterfrosch bringt
uns recht bald, Vorhersagen, ob warm, ob
kalt.

Der Pastor bringt das Seelenheil, der Bote
bringt die Post, der Schlachter bringt die
Wurst, und Feuchtigkeit den Rost.

Der Schornsteinfeger bringt den Besen,
steigt damit aufs Dach, Gewitter bringt den
Donner mit, und damit macht es Krach.

Das Eichhörnchen bringt manche Nuss, in
seinen Vorratskeller, es bleibt da weil es
bleiben muss, doch langsam wird es heller.

Und als es wieder warm geworden, sind
manche Pflanzen abgestorben, jedoch nicht
dieser Baum mit Nuss, weil den das
Hörnchen brauchen muss, es wird doch
auch mal wieder kalt, das ist nicht fern, das
ist schon bald.

Die Moral von der Geschicht: Vergesst die
Vorratshaltung nicht

29
Die deutsche Sprache

Das Gegenteil ist immer dann, wenn man
das Un benutzen kann. Jeder der noch lebt
ist meist, einer den man untot heißt.
Gebildet, ungebildet auch, ist ebenfalls im
Sprachgebrauch, als Gegenteil von satt ist
eben, das Wörtchen unsatt vor zu heben.
Uneinfarbig wäre bunt, unbunt ist ein
schwarzer Hund.

Verblödet ist das Unkraut Wort, schwemmt
jede Logik mit sich fort, demnach wäre
Kraut mit Un, ein Nichtkraut, und das ist
doch dumm.

Mit Unkraut meint der Mensch Wildkraut,
das wohl auch eine Kuh zerkaut, im
Gegensatz, das Kraut das nutzt, das wird
von Menschen auch verputzt.

Schön und unschön sind bekannt, im
ganzen deutschen Vaterland, viele sind
unschlau auf Erden, müssten häufig
schlauer werden.

Statt Hunger sagt man unsatt auch, wenn
er knurrt, der leere Bauch, wer
ungenügend Flüssigkeit, ist mit Begriff vom
Durst schon weit, nur wer genug getrunken
hat, dafür gibt es noch kein Watt.*

Statt unsauber ist häufig auch, das Wort
schmutzig im Gebrauch, du bist gerührt,
wenn man dich lobt, ungerührt wer mit dir
tobt.

Unerhörter Zwischenruf, regt jede
Hauptversammlung uff, ehrlich ist dein
lieber Hund, und unehrlich der falsche
Lump.

Wer unschlau ist, ist meistens doof, der
Dünne wird undick genannt, und wer
unlangsam geht, der rannt.

Es gibt nicht unschnell, langsam schon,
nicht unlangsam, das Schnelle schon,
unmöglich deutscher Sprachenschatz, ein
jedes Wort auf seinem Platz, unmöglich nur
die Professoren, die dieses Unding
ausgegoren.

Der Undumme versteht das schon, ich
kaufe mir ein Grammophon, und hör mit
beiden Ohren hin, weil ich unmusikalisch
bin.

* Eigentlich *Wort*, aber dann reimt es sich nicht. Für
dieses Wortgemetzel entschuldige ich mich
ausdrücklich bei allen Germanisten, ich habe ihnen
damit (gerne) viel zugemutet, aber komisch ist das
schon, oder?

30
Der Computer

Der Rechner, kurz PC genannt, bestimmt
heut unser Leben, doch ohne dieses
Instrument, würd es uns trotzdem geben.
Die Zeit ist schnell, zu schnell für Viele, und
dennoch ist es so, Computer stehen
überall, demnächst auch auf dem Klo.

31
Geräusche

Es wiehert ein Pferd, es bellt ein Hund, die
Katze miaut, und der Braunbär der
brummt, der Esel hat husten, ist schwer
verkühlt, der macht kein „IA" mehr, und
auch sonst keine Sachen, die Vögel im
Wald, ja sie so singen so traut, das ist im
Tann der einzige Laut.

Nur der Gorilla, der wird immer stilla,* hat
entzündeten Hals, kann nichts mehr sagen,
mit der Tatze nur die Mücken verjagen,
wenn der wieder fit ist, dann holt er das
nach, und jagt mit Gebrüll die Katze aufs
Dach.

*Alternativ: nur der Goriller, der wird immer stiller,
bei Angina völlig normal, oder?

32
Tropfender Wasserhahn

Es tropft aus einem Hahn das Wasser,
darunter wird es immer nasser, da sagt der
Klempnermeister Meier: „Da muss die
Dichtung rein, die Dreier."
Gesagt getan, und nach Minuten, kann
niemand mehr die Küche fluten, es tropft
nicht mehr, der Hahn ist zu, und Meister
Meier geht zur Ruh.

33
Der Ofen

Ein Mann liest eine Kleinanzeige, ein Ofen
wird hier offeriert, den will erhaben, weil er
friert. Er ruft dort an, er hört den Preis, da
wird ihm ohne Ofen heiß, das ist ja billig,
sehr sogar, jetzt kauf ich ihn, nicht nächstes
Jahr.

Drei Tage später schließt er dann, den Ofen
an den Schornstein an, heizt an und freut
sich ob der Wärme, die ihm nun anheizt die
Gedärme. Nie wieder kalt, nie wieder
klamm, wie gut dass wir den Ofen ham.*

* ham, na ja, aber was reimst sich sonst schon mit
klamm

34
Kaffee

Kaffee ist ein gut Gebräu, schmeckt mal wie
Hafer, mal wie Heu, wir lieben dies Getränk
aus Bohne, und jeder denkt, es geht nicht
ohne. Dabei kann man den Durst doch
stillen, mit Getränken und Promillen, mit
Schnaps, mit Bier, und Milch von Kuh, ich
trink auch Tee, und was trinkst du?

35
Die Nahrungskette

Die beste Kette ist doch wohl, die
Nahrungskette mit dem Kohl. Der schmeckt
so gut, mit Fleisch mit Wurst, und
außerdem macht er den Durst. Dies alles
denkt sich auch der Wurm, dem dies
Gemüse mundet, jedoch denkt dieses auch
der Specht, der grad den Kohl umrundet.

Specht greift an mit Flügelschlag, und
findet dieses Würmchen zart. Der Specht
frisst Wurm, der Wurm den Kohl, wer holt
sich dann den Vogel wohl? Es ist die Katz
von nebenan, die diesen Vogel fangen
kann. Sie tut es auch, und ratze-fatze, ist sie
schön satt, die alte Katze.

36
Das Frühstücksei

Das Eierlöffel - Essgerät, braucht man,
wenn man das Ei nicht brät, wenn man es
kocht, zum Frühstück meist, und man es
dann mit Salz verspeist. Das Dreiminuten-Ei
ist weich, man schlürft es von dem Löffel
gleich, doch wenn es fünf Minuten gart,
dann ist ein Ei schon ziemlich hart.

Diese harte Variante, aß am liebsten meine
Tante, so ist das wohl auf dieser Welt,
dass jeder der was auf sich hält, das Ei,
zunächst mal abgepellt, auf seine Art
verspeist, und dann, nach einer ganzen
Weile glaubt, dass er dem Huhn das Leben
raubt, wenn er ein Ei, als erste Zelle,
des Lebens kocht, mal auf die Schnelle.

Mit diesem grausamen Erleben, muss jeder Eieresser
leben

37
Der Lärm

Es lärmt des Jägers Horn im Wald, weil es
so laut und froh erschallt, doch auch die
schönste Melodie, kann auf die Nerven
gehen und wie, es kommt bei dem
Geräusch drauf an, ob man es heut
vertragen kann.

Doch wie verschieden auch die Quellen, ob
Marschmusik, ob Donauwellen, ob Blech,
ob Geige oder Horn, und ob weit weg oder
von vorn, und ob sehr laut, oder fast still,
Lärm ist nur gut, wenn ich ihn will.
Die Blockflöte vom Nachbarskind, ist
schrecklicher noch als der Wind,
Schlagbohrmaschine, morgens neun, ist
auch nicht gerade was zum freuen, und
Glockenläuten in der Nacht, ist schlimmer
als wenn Donner kracht. Und wenn sich tief
in den Gedanken, Wort um Wort zu Reimen
ranken, ein Staubsauger die Ruhe stört,
und mit Gebläse mächtig röhrt, wenn
Spülmaschine, Straßenlärm, dich nerven
weil von nah und fern, wenn
Sportplatzjubel dich sehr stört, und
draußen auch der Hirsch noch röhrt, geh in
ein Kloster, Augen zu, in einer Zelle hast du
Ruh.

38
Hungriger Jude

Vor einer Pommesbude, da steht ein
frommer Jude, und Hunger hat der arme
Mann, wie man's am Magen hören kann.
Fish and Chips und Currywurst, und viel
Getränke gegen Durst. Er sieht und findet
alles fein, doch es soll auch koscher sein, da
muss er leider wieder gehen, man hat ihn
hier nie mehr gesehen.

39
Sturm

Bäume knicken, Blätter fliegen, wenn wir
einen Sturmwind kriegen, Schiffe sinken auf
den Grund, Häuser werden abgedeckt,
auch knickt ein Sturm Laternenmast, der
Strom fällt aus, Gewitterblitz, und als es
wieder still geworden, vorbei waren da die
Wettersorgen.

40
Erfindungen

Erfindungen machen das Leben, früher
holprig, heute eben, und dann und wann,
von Zeit zu Zeit, sind sie sogar auch noch
gescheit. Die Dampf- und auch die
Nähmaschine, die Eisenbahn auf einer
Schiene, die Glühlampe gab uns das Licht,
sonst wären wir nachts im Hellen nicht. Das
Rad mit Sattel und Pedal, zur
Fortbewegung ideal, PC und FAX und
Telefon, sind für die Kommunikation.
Schießgewehre, vorher Speere, Pfeil und
Bogen, Keulen auch, waren im kämpfenden
Gebrauch. Die Menschen wurden aber
nicht, durch diese Dinge besser, sie
kämpfen und bekriegen sich, nur nicht
mehr mit dem Messer.

Man fragt sich wozu soll auf Erden, denn überhaupt
Erfindung werden?

41
Der Winterwald

Was habe ich vom Märchenwald, wenn
Finger und die Nase kalt, wenn Ohren rot
und Finger blau, brauche ich Schnaps von
meiner Frau.

42
Der dicke Bauch

Ein dicker Bauch wird ohne Frage, dem
Eigentümer schnell zur Plage.
Bewegungsmangel und kein Sport, das Fett
geht einfach nicht mehr fort.

Die Hüfte schmerzt, und auch das Knie, so
etwas hatte ich noch nie, ich erkenne
messerscharf, dass dies so nicht mehr
bleiben darf. Wenig essen und viel Sport,
dann gehen die Schmerzen wieder fort, so
sprach es meine Frau und dann, begann
mein Fitness Sportprogramm.

Nach fünf Minuten auf dem Rad, bin ich in
meinen Knien matt, die Lunge pfeift, es
schwitzt die Haut, und noch etwas,
geliebtes Kraut, den Tabak hab ich
aufgegeben, ich will ja noch ein bisschen
leben.

Damit auch dünner werden schneller,
bleibt der Schnaps zunächst im Keller, auch
Cola nicht und nicht der Wein, sollen
künftig mein Begleiter sein. Jetzt gibt es
Wasser und auch Tee, und viele Vitamine,
und als besondere Leckerei, Joghurt mit
Rosine. Nach langer Zeit treff ich Bekannte,
als ich bei einem Waldlauf rannte: „Mensch
Otto, bist du krank, du armer, du bist so
dünn du bist so faltig, die Krankheit beutelt
dich gewaltig." Da bin ich froh, da bin ich
stolz, ich bin aus gutem, hartem Holz, ich
bin nun dünn, ich bin nicht krank, sondern
gesund und endlich rank.

43
Feuerwehr

Die Feuerwehr von Bullerby, kommt mit ta-
ta und mit ta-tü, und auch die Jungs von
Gottrupel* sind nicht nur rot, sondern auch
schnell.
Sie benetzen Pastors Haus, aus den
Fenstern quillt der Rauch, und in der
siebenten Minute, retten sie dann noch die
Pute, die der fromme Himmelsmann, sich
und die Familie labend, braten will am
Heilig Abend.

Der Pute aber war's egal, sie wurd ein festlig
Abendmal. *Gottrupel ist ein sehr kleines Dorf in der
Nähe von Flensburg

44
Der Wind

Wenn es im Rücken zwickt und beißt,
kommt der Wind aus Osten meist. Kommt
er jedoch aus Süden, Westen, ist das
Wetter hier am besten, nur bei Nordwind
wird auf Dauer, die Nasenspitze immer
blauer.

45
Der Kammerjäger

Ein Kammerjäger aus Berlin, bringt eine
Ratte um die Ecke, und er erschlägt auch
noch die Zecke, denn Zecken sind ein
Ungetier, sie beißen dich, und ihn und mir.

Na Germanist, ist dir schlecht geworden?, Nummer 29
ist noch schlimmer, schau noch einmal zurück, steht
auf Seite 48

46
Einladung an August

Kühlschrank leer, Hunger groß, ich glaub
ich muss noch einmal los, was zum beißen,
was zum trinken, dann kann ich dem
Nachbarn winken:
„August komm, ich lad dich ein, etwas
Käse, Flasche Wein, das Leben kann so
herrlich sein."

47
Wackelige Klobrille

Jedes Mal wenn man sich setzt, und mit
dem Hintern Brille quetscht, dann rückt sie
sich ein Stückchen weiter, und der Spalt am
Rand wird breiter. Ich hätte gerne eine
Brille, die, wenn sie korrekt montiert, nicht
ständig hin und her rotiert.

Ich bekomm das Ding nicht fest, auch wenn
sie sich justieren lässt, nicht mal wenn sie
neu und teuer, so ganz ist mir das nicht
geheuer.

Sie fahren zum Mond, sie fliegen hoch,
verpflanzen Köpfe und auch Herzen, jedoch
ist noch nicht auszumerzen, dass Klobrille
in jeder Form, rutscht mal nach hinten, mal
nach vorn.

Ich zieh die Schrauben an mit Macht, dass
es in den Gelenken kracht, doch was soll
die ganze Plage, mein Bemühen hält nur
Tage. Dann fängt das Ding zu wackeln an,
wie eine alte Straßenbahn.

Vielleicht sollt mal ein Produzent, dies
machen lassen, der das kennt, lasst doch
den Günter Fielmann ran, er ist bekannt als
Brillenmann.

48
Nasenprobleme

Mein linkes Nasenloch, das tropft, weil ich
erkältet bin, mein rechtes Loch das ist
verstopft, so quäle ich mich hin.

Ich rotz in alle Taschentücher, rein wie
Weiland Marschall Blücher.

„Ran wie Blücher"
hieß es doch, gemeint war da das
Nasenloch.

49
Heißhunger

Es verschluckt sich ohne Not, ein Mensch
an einem Stückchen Brot, er atmet schwer
und ist bald tot.

Nicht genügend durchgekaut, gefressen
und auf Gott vertraut, geschlungen und zu
früh geschluckt, und rechtzeitig nicht
ausgespuckt, selber Schuld, die Völlerei,
macht manches Leben schnell vorbei.

Dummheit frisst, Intelligenz säuft

50
Musikanten

Es wundert mich nicht sonderlich, dass
Tiere musizieren, dieses liegt nicht nur dem
Mensch, sondern auch den Tieren. In einer
Karaoke Bar, saß ein absonderliches Paar,
sie recht groß mit dünnem Hals, ihr Name
war Giraffe, er mit ziemlich dichtem Fell,
ich glaub er war ein Affe.
Sie sangen laut, doch nicht sehr schön, sie
mussten daher wieder gehen.

51
Der Ballon

Ein Ballon mit heißer Luft, der hat sich in
der Luft verpufft, stürzt ab und hängt in
einem Baum, aus ist vom Fliegen dann der
Traum.

52
Die Geige

Ein Geiger spielt, der Welt entrückt, und
seine Hörer sind entzückt, ein Idiot
zerschlägt mit Macht, die Geige, dass es nur
so kracht, oh sieh an, das war sie, die
schöne Stradivari.

53
Diät

Der Leibesumfang ist zu groß, die Hose
kneift am Bund, ich lass jetzt mal die
Pommes los, sonst werd ich kugelrund. Ob
das was hilft, das weiß ich nicht, es ist ein
bisschen arg, ich kontrollier jetzt mein
Gewicht, und esse nur noch Quark.
Nach kalorienarmer Zeit, ist plötzlich meine
Hose weit, ich bin begeistert und erst mal,
eile ich ins Stammlokal, und order Haxe,
Kuchen, Aal, mit der Diät, das war einmal.

54
Kolumbus

Kolumbus segelte nach Westen, er traf dort
Indianer, so irren auch einmal die Besten,
er sah Amerikaner.

55
Lebenszweck

Wenn ein kaputter Zahn dich zwickt, wenn
eine Warze deine Nase, ziert und Probleme
mit der Blase, wenn du nicht stehen auf
den Füssen, und du nichts spürst beim
Weiberküssen, wenn dir das Bier auch nicht
mehr schmeckt, verfehlst du deinen
Lebenszweck.

56
Vogeldreck auf dem Balkon

Der Vogel pickt auf dem Balkon, in einen
prallen Luftballon, da macht es ›puff‹, der
Vogel weg, zurück bleibt ein Klecks
Vogeldreck.

57
Das Haar vom Chefkoch

In einen großen Suppentopf, fällt ein Haar
von einem Kopf, das Haar gehört dem
Chefkoch Meier, der kocht in dem Topf
Straußeneier. Das Ei so groß, das Haar so
dünn, der Chefkoch kriegt das wieder hin,
und fischt mit einer langen Gabel, die
aussieht wie ein Vogelschnabel, das Haar
aus seiner Eierbrühe, das macht er locker
ohne Mühe, serviert sogleich, das ist ihm
schnuppe, die delikate Eiersuppe.

58
Federn

Davon haben Vögel viele, denn das hilft
gegen die Kühle, die Pfauenfeder an dem
Hut, das findet meine Oma gut, und in
meinem Bett zugleich, sind viele Federn,
die sind weich.

So müssen manche armen Viecher, auch in der Zukunft, dies ist sicher, auf ihre Federn wohl verzichten, weil alte Tanten, junge Nichten, sich mit fremden Federn schmücken, um die Männer zu entzücken.

Jedoch schon Schiller, Goethe schrieben, ihre Bücher eins bis sieben, gewiss mit einem Gänsekiel, jedoch sie schrieben auch recht viel, und Martin Luther schrieb wie jeder, wohl auch mit einer Gänsefeder.

So war das zu jeder Zeit, man braucht des anderen Federkleid, man raubt, man nimmt sich was man will, nicht nur wenig, sondern viel, selbst wenn man genug im Sack, die viel haben, sind nie satt.

59
Muss alles erneuert werden

Der Tisch hat Schrammen auf der Platte, in meinem Zaun fehlt eine Latte, das Auto ist auch nicht mehr neu, das Mauerwerk hat Risse, und wir brauchen ohne Scheu, demnächst neue Gebisse. So ist es wohl auf dieser Erden, vieles muss erneuert werden.

60
Das Telefon

Das Telefon bringt jeden Ton, von fern
hierher, da wo ich wohn, ob es aus Afrika,
aus Thule, aus Grönland, Frankreich oder
Chile, Telefone gibt es viele, und auch aus
richtig fernem Land, das man in Hinterasien
fand, erreichen mich die Klingeltöne, mal
etwas rau, aber auch Schöne.

Ein Gespräch, so deutlich klar, erreichte
mich vor einem Jahr, von Leuten, die vor
vierzig Jahren, nach Chile ausgewandert
waren:

„Wie geht es Euch da in Europa, und was
macht eigentlich der Opa, lebt der noch,
oder schon tot, der rauchte doch so wie ein
Schlot, und habt ihr noch den Adenauer,
die D-Mark und die DDR, und der Franzose,
der De Gaulle, der hatte doch so eine
Nase, fast so groß wie eine Vase."

So reden sie recht dümmlich weiter, mal
ernsthaftig und auch mal heiter, doch man
merkt bei jedem Wort, sie sind schon
ziemlich lange fort.

61
Weihnachtsmärkte

Endlich wieder Weihnachtsmärkte,
Waffeln, Punsch, und Bratwurst auch, frisch
geräuchert aus dem Rauch, überall sieht
man sich laben, Menschen die viel Hunger
haben.

Windbeutel und Punsch mit Schuss, alles
was man haben muss, dazu dann das
Kerzenlicht, Lametta Silber und in Gold,
Hauptsache der Rubel rollt.

Der Handel reibt die klammen Hände, die
vollen Kassen sprechen Bände. Kitsch aus
Asien, Weihnachtsengel, Tannenbaum aus
rotem Filz, und daneben Plastikpilz.

Lebensgroßes Bambikind, mit einem Auge,
das da blinkt, und der verkleidete Student,
der für eine Hand voll Cent, als
Weihnachtsmann die Stadt durchrennt.

Auch der Pastor freut sich doll, einmal im
Jahr die Kirche voll, muss diesmal nicht vor
leeren Bänken, die Bibel und den
Weihrauch schwenken, möge sie nie zu
Ende gehen, die Weihnachtszeit, besinnlich
schön.

62
Gondola

Wenn ein Boot im Wasser schwimmt, und
hinten einer steht und singt, und rudert mit
der langen Pinne, dann ist der Mann
bestimmt kein Finne, ein Venezianer steht
und singt, wenn er von Ort zu Ort dich
bringt.

63
Das Kochbuch

In dem Kochbuch Seite drei, steht so kochst
du dir ein Ei, steht dir der Sinn jedoch nach
Rüben, das Rezept auf Seite sieben.

Tomatensuppe, Sahneklecks, findest du auf
Seite sechs, und die Suppe mit dem Bier,
wird beschrieben, Seite vier.

Das Rezept zu Schweinebraten, wird ganz
hinten erst verraten, und auch noch auf
Seite zehn, siehst du viel Rezepte stehen.

In dem Verzeichnis, neben Reis, steht das
Rezept für Sahneeis, mit Rum, dem Zucker
und Vanille, und einer Schokoladenpille, so
hat das Kochbuch jederzeit, für jeden
Hunger was bereit.

64
Die fünf Sinne

An einem Übergang der Bahn, da sieht
man, wenn die Züge fahren, in einem Klo
da stinkt es meist, wenn da einer sitzt und
raucht,* und heftig geht's aufs
Trommelfell, wenn einer trommelt, laut
und schnell.

Nur den Nerv für den Geschmack, tötet
euch der Weingeist ab, und endlich unser
fünfter Sinn, ist in den Fingerspitzen drin.

* raucht. Mit einem anderen bekannten Wort hätte es
sich gereimt, aber ich hatte noch Hemmungen, später
legte sich das

65
Biergenuss

Ein Banause, trinkt zu Hause, reichlich Bier
aus einem Fass, rülpst und furzt
ununterbrochen, und es hat auch sehr
gerochen, doch vorbei war bald der Spaß.

66
Die sieben Zwerge

Auf einem schneebedeckten Berg, sitzt ein
rotbemützter Zwerg.
Er sagt: „Ich bin ein Zwerg von sieben, die
anderen sechs die sind da drüben, und von
den sechs da essen zwei, grad mit
Schneewittchen Haferbrei."
Was tun die anderen vier, mit ihrer roten
Mütze?
Die trinken ganz gewiss kein Bier, die essen
Apfelgrütze.

67
Von der Höhle zum Hochhaus

In fernem Land, vor langer Zeit, da machten
sich die Menschen breit, eroberten mit
Bogen, Speer, zunächst das Land und dann
das Meer.

Sie wohnten erst in Höhlen meist, bis sie
das Rheuma zwickt und reißt, und dann, da
liegt diese Betonung, kauften sie eine
Hochhauswohnung.

Aber ohne Förderung durch Baukindergeld, das kam
erst ein paar tausend Jahre später

68
Es werde Licht

Dann sprach der Herr: „Es werde Licht," so
passt es gut in mein Gedicht, von hell und
Licht und von den Lampen, die sie vor
tausend Jahren nicht kannten. Das offene
Feuer, das war gut, kam vom Blitzschlag
und der Glut, und das war das erste Licht,
das sich in einer Höhle bricht.
Später kamen in Gebrauch, der Tran sowie
die Kerzen auch, und irgendwann, die Zeit
war um, benutzte man Petroleum. Es kam
das Gaslicht, hochmodern, und
Landmenschen von nah und fern, staunen
weil es nicht nur hell, auch erwärmt das
Zimmer schnell.

Das Gaslicht und die Heizung auch, waren
Jahrzehnte im Gebrauch. Zum Heizen
kamen dann die Kohlen, erst aus Essen,
dann aus Polen, jedoch kam dann wie das
so geht, mit Macht die Elektrizität. Was war
das für eine Wonne, eine Technik wie die
Sonne, sie wärmt, sie leuchtet und macht
hell, alles auf Knopfdruck, rasend schnell.

Radio statt musizieren, elektrisch kochen
und rasieren, Rasen mähen, bügeln auch,
ersetzt den alten Mangelbrauch, und
nachts kühlt Kühlschrank unser Bier, guter
Herr, wir danken Dir.

69
Der erste Mensch

Der erste Mensch, das war laut Bibel, auch
steht es in der Kinderfibel, ein junger Mann
der Adam hieß. Dieser Adam ging durchs
Land, hat Vater und Mutter nie gekannt,
war Vollweise in jungen Jahren, und lebte
doch im Paradies, das damals Garten Eden
hieß.

Da kam eine Schlange, er steckt den Apfel
in den Mund, da wurde es ihm bange,
vorbei war es mit Paradies, demnach war
diese Schlange fies.

70
Gesunde Ernährung

Gekochtes Landei mit Spinat, gesund, und
man wird davon satt, als zweite Wahl, ich
plötzlich weiß, eine Haxe, möglichst heiß,
mit Bratkartoffeln für den Mund, und den
Knochen kriegt der Hund.

Was tu ich mit gespartem Ei?
Ich denk, ich werfe es entzwei, bei nächster
Demo in der Nähe, da geh ich immer gerne
hin, weil ich stets gegen alles bin.

71
Die Jäger

Piff macht es, paff, oder auch bum, dann
fällt das kleine Rehlein um, oder auch die
wilde Sau, der Jäger nimmt es nicht genau,
Hauptsache er bläst ins Horn, und dass ein
Signal erschallt:
„Ich habe etwas abgeknallt."

Dabei hat die Kreatur, die winzig kleine
Chance nur, dass das Gewehr dem Jäger
splittert, während der die Beute wittert,
schon in Gedanken Braten würzt, und dabei
dann ganz heftig stürzt.

So etwas kommt nur selten vor, meist läuft
das Wild ihm vor das Rohr, und Kugeln, Blei
oder auch Schrot, machen dann die Tiere
tot.

Die Jäger sind dann mächtig stolz,
marschieren durch das Unterholz, ihr
Gespräch hört nur der Wind, was sie für
tolle Kerle sind.

72
Formel eins

Zweimal zehn Autos fahren im Kreis, auf
Reifen die schon brennend heiß.

Dies nennt man Formel 1, und Sport, für
mich ist dies hier reiner Mord, mit Tempo
größer als dreihundert, und was mich ganz
besonders wundert, die rammen sich,
fahren wie bekloppt, dass diesen Blödsinn
niemand stoppt.

Umweltzone, Spritgestank, volle Kasse,
leerer Tank, das ist die Losung dieser Welt,
das Einzige was zählt, ist Geld.

73
Kneifende Kleidung

Der Zwickel in der Unterhose, ist mal zu
fest und mal zu lose, das Hemd mich meist
am Hals einengt, wenn ich mich da mal rein
gezwängt, die Socken sind aus Tradition, zu
eng, jedoch ich kenn das schon.

Der teure Schuh kneift auf dem Spann, was
hab ich mir da angetan?
Die Lösung ich gefunden hab, ich nehm
jetzt mal zehn Kilo ab.

74
Gesang

Gut ist für des Sängers Seele der Gesang
aus voller Kehle, der jauchzend zu den
Lerchen schallt, bis hinüber zu dem Wald,
der glockenreine Ton in Moll, da ist das
Herz dann richtig voll.

Und singt man dies dann im Duett, dann
sind die Melodien nett, und Töne vom
Klavier ertastet, eine Geige weint dazu, und
jeder der vorüber hastet, hört mit
geschlossenen Augen zu.

Manchmal ist es auch ganz nett, wenn
Menschen singen im Quartett, oft ohne
Instrument Begleitung, dann steht da
morgen in der Zeitung: „A Capella ward
gesungen, und es hat so schön geklungen."

Ich singe meistens im Advent, Lieder die ein
jeder kennt, ich träume in der Badewanne,
von Bethlehem und Gänsebraten, von
Weihnacht, Weihrauch, und von Geld, und
von Frieden auf der Welt.

Ich wälze mich im Badeschaum, ich bin von
Kopf bis Fuß sehr nass, dabei ertönt mein
schöner Bass.

75
Lampen

Lampen rot und weiß und gelb, sind an
jedem Partyzelt, blaue Lampen einzeln
auch, sind zuweilen im Gebrauch, nur wenn
es deutlich mehr als zwei, ist das
vermutlich Polizei, jedoch braucht auch die
Feuerwehr, davon häufig etwas mehr.

Die Lampen die sind nicht nur bunt,
sondern länglich oder rund, oder spezielle
auch, haben eine Form als Schlauch.
Lampen mit dem Steckkontakt: „Drücken
bis es deutlich knackt," sagt die
Gebrauchsinformation, ich hab's gelesen,
kenn das schon. Mit Gewinde groß und
klein, schraubt man auch die Lampe ein,
der Riegelwarzenlampenhalter, die
moderne Konstruktion, hat Lufthansa im
Flieger schon.

Der Ohrenarzt schiebt meistens schnell, die
Lampe an dein Trommelfell, und manchmal
auch der Internist, will wissen was im
Bauch los ist. Der Zahndoktor sucht im
Gebiss, mit Licht, wo was zu bohren ist, und
in Nebenhöhlen auch, sind kleine Lampen
im Gebrauch. Die Welt der Lampen ist so
groß, die LED ist ganz famos, verbraucht
kaum Strom, und ist so hell, geht nicht
kaputt so rasend schnell.

Alle Leute brauchen Lampen, junge
Menschen, alte Tanten, Autos, Schiffe,
Straßenbahn, überall sind Lampen dran.

Jedoch mit Tran geht das nicht mehr, auch
nicht mit dem Petroleum, und auch nicht
mehr mit dem Karbid, denn das war ein
großer Schiet.*

* Schiet, norddeutsch für schlecht, arg oder übel,
Ableitung von Scheiße, sorry, ist aber so

76
Lernen, ein Leben lang

Du wirst geboren und bist leer, der Kopf so
hohl, Gedanken keine, kein Wissen und
auch nicht Erfahrung, du bist nur dumm,
erst mit der Zeit, wirst du ein wenig mehr
gescheit.

Du lernst rechnen, schreiben, lesen, und
wann wo welche Schlacht gewesen, wer
Luther war und Adenauer, und so wirst du
immer schlauer. Du lernst Physik und
Chemie, und wo die Zähne sind beim Vieh,
lernst Algebra, Musik zu machen, und viele,
viele andre Sachen.

Malst mit dem Pinsel virtuos, mal kleine
Bilder, manche groß, und fremde Sprachen
lernst du auch, und wie die Brille
funktioniert, das hast du alles bald kapiert.

Sodann kommt die Berufsausbildung, und
du wirst Bäcker oder Arzt, du lernst wie
Brot besonders lecker, und bei besonderem
Talent, Politiker, den jeder kennt.

Vielleicht kommst du zur Eisenbahn, kannst
immer Lokmotiven fahren, oder auch kann
man dich sehn, als stolzen Schifffahrts-
Kapitän.

Irgendwann bist du dann Rentner, und
nicht mehr Tierarzt oder Klempner, und in
der stillen Stunde frage, wozu war alle
diese Plage?

Ich hab gelernt, gepaukt, gelitten, und alle
Prüfungen bestritten, und auf der Höhe
aller Kenntnis, da hat man mich ganz
ungeniert, mit 65 pensioniert.

77
Geräusche im Wald

Finger und die Füße kalt, es ist so kalt im
dunklen Wald, es ist so still und ruhig hier,
man hört nicht mal ein wildes Tier, man
hört nur Christbaumschellen, und Försters
Dackel Kuno bellen.

78
Nasentropfen

Es tropft von einer roten Nase, ein Tropfen
in die Blumenvase, der Blumenstrauß ist
nicht mehr rank, ich glaub der
Tropfenmensch war krank.

79
Ein Scheiß Tag

Der Kaffee kalt, das Brötchen hart, und im
Gesicht da sprießt der Bart, und in dem
stillen Kämmerlein, da könnt es etwas
wärmer sein. Die Post kommt nur mit einer
Rechnung, und nicht mit Lotterie Gewinn,
ich bin in einer Pechsträhn drin.

Es ist so unersprießlich, im Gegenteil
verdrießlich, wenn alles gegen mich
verschwört, und niemand meine Klagen
hört. Alles habe ich verbockt, und auch das
letzte Geld verzockt, und draußen Sturm
und Regen nur, das ist doch gegen die
Natur.

Ich bleibe heut in meinem Bett, da kann
mir nichts passieren, da muss ich nicht die
Zähne putzen, und mich auch nicht
rasieren.

Da klingelte mein Telefon:
„Mensch Alfons du, wo bleibst du schon,
wir harren Deiner seit zwei Stunden, und
Sorge ist in aller Munden."
Da freu ich mich, sie brauchen mich, und
sind in großer Sorge, wasch, rasier, und
zieh mich an, und renne schnell zur
Straßenbahn. Die Welt ist schön, die Wut
verraucht, wird man nur irgendwo
gebraucht.

80
Aus der Ahnentafel

Meine Ur-Urahnen waren, häufig Bauern
und Husaren. Hurra, mit Säbel und viel
Schwung, der Bauer trat in Pferdedung, der
Sergeant, Abteilung drei, ritt stolz am
Kaiser stets vorbei. Derweilen pflügt der
andere Mann, der nicht in die Kaserne
kann, das Feld, den Acker, hütet Vieh, das
ist Arbeit, aber wie.

Der Sergeant derweil poliert,
Pferdezaumzeug, glatt rasiert. Sein Bruder
Bauer sechzehn Stunden, hat er den Körper
sich zerschunden, gedroschen Korn für
Mehl und Brot, der Husar hat keine Not,
diniert mit Leutnant Offizier, Heil mein
Kaiser, danke Dir.

81
Aquarium

In einem Aqu - Aquarium, da schwimmt ein
großer Fisch herum, nach Flossenschlägen
höchsten drei, ist er schon auf der anderen
Seite, das ist die Länge, nicht die Breite, ist
dies nicht Tier, sprich, Quälerei, nach
Flossenschlägen höchsten drei?

82
Zwei Fliegen streiten

Die Fliege sprach zu einer Fliege: „Warte
bloß, bis ich dich kriege, dann hau ich dir
etwas aufs Maul, erwisch ich dich beim
Ackergaul, wenn du da sitzt auf nassem
Fell, dann hab ich dich ganz furchtbar
schnell."

Da dachte Fliege Nummer zwei: „Das Leben
geht so schnell vorbei, ich glaube nicht,
dass sie mich kriege, ich bin doch nur die
Eintagsfliege."

83
Sonnenbrillen

Als Gott sprach: „Es werde Licht," ward es
hell, und dunkel nicht, war nicht mehr
dauerhaft so duster, wie bei einem armen
Schuster.

Danach musste erfunden werden, die
Sonnenbrille hier auf Erden, denn wer oft in
die Sonne pliert, sehr schnell den klaren
Blick verliert, so ward der Satz mit einem
Kracher, zum Sonnenbrillen Umsatzmacher.

84
Auf und ab

Morgens geh ich auf die Waage, ob denn
nicht alsbald die Plage, mit der angezeigten
Zahl, der Kilogramme war einmal, ob seit
gestern oder schon, heute eine Reduktion.

Alles Hoffen ist vergebens, denn das
schönste Ding des Lebens, das ist essen und
auch trinken, und wenn Kalorien winken,
und wenn geistige Getränke auf der Karte
einer Schänke, verzeichnet sind, und gut
sortiert, genieß ich die ganz ungeniert.

Das ist doch wohl der Lebenslauf, mal geht
es runter, und mal rauf, mal ist es die
Temperatur, neun Grad minus morgens
nur, mal ist die Stimmung richtig runter, am
nächsten Morgen bist du munter, so ist das
auch mit dem Gewicht, mal abgenommen,
und mal nicht.

Gräme dich nicht, genieß den Tag, egal was deine
Waage sagt

85
Überall hängt etwas

An der Nase hängt ein Pickel, an der Uhr
der Perpendikel, der Bauer hängt an
seinem Feld, und der Reiche hängt am
Geld.

Politiker hängt an der Macht, alle sind im
gleichen Topf, und der Kranke hängt am
Tropf. Ein jeder hängt an dem Idol, der
Hase hängt am weißen Kohl, das Hufeisen
aus Eisenguss, hängt gewiss am Pferdefuß.

Es ist aus Schmiedeeisen, und mitnichten
nicht aus Guss, jedoch muss es hier so
heißen, weil es sich doch reimen muss. Die
Fledermaus im alten Keller, hängt über
Kopf im feuchten Raum, sie war einmal der
Namensgeber, für einen Musikantentraum.
Oh Mozart, deine Fledermaus kennt heute
jedes Opernhaus.

An einem Anker hängt ein Schiff, sonst treibt es auf ein Felsenriff. Die Gläubigen an Gottes Wort, hier wie an jedem anderen Ort. Der Taschendieb hängt an der Tasche, der Heizer hängt an seiner Asche, der Chirurg an dem Skalpell, er geht so gern was schnippeln schnell, und sodann der Mädchenzopf, hängt meistens oben auf dem Kopf.

Jedoch hängt auch ein Delinquent, am Galgen, wenn man ihn so nennt, nach einem Mord wurde er gefangen und muss jetzt an der Strippe hangen, und dass kein Mensch ins Fenster schaut, sind Gardinen angebaut.
Es hängt nicht nur Toilettenspiegel, gelegentlich auch mal ein Schniedel.

Die Moral von der Geschichte: Bei einem alten Mann hängt auch, was früher stehend im Gebrauch

86
Fledermaus

Die Fledermaus hängt über Kopf, wie ein großer Wassertropf, in einer Höhle dunkel, kalt, die ist schon tausend Jahre alt.

Die andere Maus, mit ihr verwandt, kommt eines Tages angerannt, und staunt, wie in der Höhle alt, jedes Trippeln widerhallt.

83

Die Maus, die Fleder, wird jetzt wach, von dem ungewohnten Krach, und holt mit einer Flügelspitze, die Fliege aus der Höhlenritze, die sie dort kürzlich reingesteckt, und hofft, dass ihr das heute schmeckt.

Normal jagt sie im Fluge sehr, zum sofortigen Verzehr, nur heute nicht, weil draußen kalt, frisst sie die Fliege, die schon alt. Nur die Haselmaus, ihr Vetter, muss wieder raus ins kalte Wetter, und findet trotzdem wunderschön, hat sein Kusinchen hängen sehn.

87
Der Bettler

Ein Bettler sitzt am Straßenrand und hält den Hut in seiner Hand, bittet um eine milde Gabe, ob ich für ihn zwei Euro habe. Er habe Hunger und auch Durst, er hätte auch so gern die Wurst, vielleicht auch noch in seiner Not, ein winzig kleines Stückchen Brot.

Ich gebe, was ich so bei mir, für Wurst, und Brot, und auch für Bier, gebe ihm Schal, weil er so friert, da hat er sich zunächst geziert, ich kann nicht warm sein, und nicht satt, wenn der Andere gar nichts hat.

Doch ich höre schon die Klage:
„Er ist selbst Schuld an seiner Lage."
Bergbesteigern, Autorasern,
Bungeespringern, Akrobaten,
Feuerschluckern und noch mehr, eilen wir
zur Hilfe sehr, mit Arzt und auch mit
Polizei, und oft das THW dabei, damit ein
Jeder Hilfe hat, selbst Schuld steht auf dem
anderen Blatt. Nur bei den Armen ist
verweht, das Wort das in der Bibel steht:
„Gebe von Zweien etwas ab, damit der
andere auch was hat."

88
Ohne Haare

Ein Mann der nur drei Haare hat, rasiert sie
jeden morgen ab, poliert danach die kahle
Platte, die früher einmal Haare hatte, mit
Pflegemittel und Lotion, ich denk er macht
das lange schon, trägt dann die haarelose
Bürde, mit sehr viel Stil und großer Würde.

Es kommt gewiss nicht darauf an, ob man
hier Haare pflanzen kann, hier ist ganz
alleine wichtig, ob das Gehirn sitzt
folgerichtig, unter des Kopfes Oberplatte,
jedoch ob die mal Haare hatte, ist einerlei
und ganz egal, die Haare ach, die warn
einmal.

89
Im Winter die Vögel füttern

Ich füttere Vögel hin und wieder, wenn die schon kalt in dem Gefieder, bei Minusgraden in der Nacht, frieren morgens um halb acht. Sie kommen früh und picken munter, von dem Balkon die Körner runter, und weißes Brot, den Rest von gestern, sie teilen das mit ihren Schwestern. Gelegentlich kommt auch die Taube, das ist, was ich ihr auch erlaube, denn selbst wenn Tauben viel zu viele, genau wie Krähen in der Stadt, so sind sie gern, wie wir, auch satt. Die schwarzen Drosseln kommen gerne, viel von nah, doch auch von Ferne, vermutlich mit der Bundesbahn, wenn draußen keine Busse fahren. Stammgäste sind bei mir auch, die Vögel mit dem roten Bauch, die Kehlchen rot, und auch der Spatz, der hat sonst keinen anderen Platz. Schließlich Knödel mit dem Fett, das fressen mir die Meisen weg, nur der mit dem roten Schnabel, der wie stets die Kinder bringt, der hat von Ferne abgewinkt:
„Ich bleibe noch in Afrika, da ist's im Winter wunderbar."
So muss ich nicht den Storch versorgen, habe nicht mehr diese Sorgen, wie krieg ich Adebar bloß satt, wenn's draußen keine Frösche hat?

90
Alles geht nach oben

Ein Sonnenschirm wird auf gemacht, wenn
über uns die Sonne lacht, ein Regenwurm
kommt meist nach oben, wenn über uns
die Tropfen toben, wenn über uns die
Sterne hangen, ist meist der Mond schon
aufgegangen.

Nach oben geht die Konjunktur, das
glauben Optimisten nur, nach oben geht
das Fluggerät, wenn es sich von der Erde
hebt, nach oben geht der Aktienkurs, sonst
ist die Firma bald in Mors, nach oben geht
der Druck im Blut, wenn ein Mensch in
großer Wut.

Nach oben gehen im Allgemeinen, auch die
Preise für die Kleinen, die Großen merken
sowas nicht, der Preis hat da nicht viel
Gewicht. Bei Schampus, Eselsmilch und
Hummer, machen Preise keinen Kummer,
nur der, der stets in großer Not, ist auf der
Welt der Idiot.

Das ist nicht nur heute so, das ist vermutlich auch
schon vor tausend Jahren so gewesen

91
Das Ehrenamt

Wer ohne Geld ein Amt ausübt, wer ohne
Lohn und ungetrübt, beständig eine Arbeit
macht, wird oft von anderen ausgelacht.
Man nennt es gerne Ehrenamt, wer gerne
für die Anderen tobt, wird von den Faulen
meist gelobt.

92
De mortuis nil nisi bene *

Wenn einer in der Kiste liegt, und dann den
letzten Segen kriegt, dann war er einer von
den Besten, sei es im Osten oder Westen.

Die Besten gehen stets zu früh, sie hatten
Arbeit und nur Müh, so sprechen Popen
und Pastoren, so sprechen Redner und
Bestatter, so redet man so wunderbar,
selbst wenn er ein Sauhund war. So kann
der größte Lump auf Erden, im Tod doch
noch belobigt werden.

* Lat: Über die Toten Nichts, es sei denn Gutes

93
Ellenbogengesellschaft

Raben sitzen auf dem Dach, und machen
unerträglich Krach, da kommt ein Jäger und
nimmt Schrot, und augenblicklich sind sie
tot. Sie sind spontan herabgefallen, kaum
vorbei das Flintenknallen, wir sind nun
ohne Vogelkot, da alle diese Vögel tot.
Jedoch, man fragt, wie ging das nur, dies ist
doch gegen die Natur, auch Vögel hat der
Herr geschaffen, so wie die Menschen und
die Affen, wie Berge, Flüsse, Tal und Wald,
was uns nicht passt, wird abgeknallt.
Wie kann der Mensch denn damit leben,
nur zu töten statt zu hegen, er soll doch
mal die Schwachen schützen, und nicht nur
die, die ihm viel nützen. Jedoch macht er's
nicht nur mit Tier, genau so auch mit dir
und mir.

94
Dichtkunst

Die Dichtkunst ist ein hohes Gut, mal ist sie
schwach, mal ist sie gut, mal reimt sich das
nicht unbedingt, mal bin ich einfach zu
geschwind, mal nicht gut drauf, dann
wieder munter, schreibe ich den Vers
hinunter, mal muss man weinen, auch mal
lachen, gibt schlechte und auch gute
Sachen.

95
Unrunde Erde, doofe Reime

Die Erde ist durch ihr Rotieren, überhaupt
nicht kugelrund, die Tiere gehen auf allen
Vieren, sonst fallen sie auf ihren Mund. Nur
der schlaue Mensch weiß wohl, dass die
Erde innen hohl. Gefüllt ist sie mit heißer
Schlacke, das nennt man die Erdenkacke,
gelegentlich bei dem Vulkan, wo man dies
dann sehen kann. Und ganz oben, da im
Norden, wandern dann die Eisbärhorden,
und genau am anderen Ende, ganz am
Süden bei dem Pol, leben Pinguine wohl.

Die Menschen auf der Eierkugel, man sieht
dies sehr genau bei Google, die leben
überall beinah, Europa und Amerika. In den
Wüsten, die sehr heiß, gibt es gewiss kein
Wintereis, daher hat dort auch mein
Schwager, überhaupt kein Streusalzlager.

Regenschirme, Paraply,* und auch den
englischen Umbrella, brauchst du wenn der
Regen schneller, man sagt, das ist in
London oft, wo man doch meist auf Nebel
hofft. Wenn dazu Abgas, Kohlenstaub und
anderer Dreck zusammen kommt, wenn
dann noch Schmutz am Weiberrock, dann
nennt man dieses wohl den Smog.

*Paraply, dänisch, und auch in anderen Sprachen
für Regenschirm

96
Speisen in New York

Es standen mal zwei Letten, inmitten von
Manhattan, sie wollten eine Currywurst,
und ein Getränk gegen den Durst. Sie
kamen zu der Pizzabude, darin stand ein
nackter Nude, bot ihnen freundlich Trunk
und Speis, und zum Nachtisch Sahneeis.

Dann kamen sie nach Chinatown, um dort
Exotisches zu kauen, sie speisten Schlange
und auch Huhn, und auch Hund, schon
ziemlich tot, war dort im Speisenangebot.

Dann ganz unten in New York, kauften sie
ein Stückchen Pork, das war beim
Deutschen, einem Bayern, da konnten sie
mit Dünnbier feiern.

So ist das Leben in Big Apple, die ganze
Welt ist dort zu Haus, sie heißen Tom und
Ben und Klaus, aber auch Ching oder
Chang, alles hat hier seinen Klang. Wenn du
die Zeit hast und das Geld, besuche mal die
neue Welt, es wird ein Highlight deines
Lebens, in Husum sucht man dies
vergebens.

97
Die Zeitung

Ich muss mal, habe kein Papier, da weht
von einem Regalständer:

›Nachrichten aus aller Länder‹

eine Zeitung riesengroß, was drin steht ist
mir scheißegal, die Hauptsache, ich kann
jetzt mal.

98
Gefüllte Pflaume

Es weht von einem hohen Baume, eine
zuckersüße Pflaume, in ihr wohnt zu
meinem Schrecken, eine ganze Schar von
Zecken, vor deren blutsaugendem Biss,
habe ich gewiss viel Schiss, der Pflaume geb
ich einen Tritt, da fliegt sie fort, die Zecken
mit.

99
Der Frosch im Morgenlicht

Ein Frosch sitzt an dem Rand vom Teich,
genießt das Morgenrot, er weiß noch nicht,
alsbald schon gleich, ist er vermutlich tot.

Es lauert irgendwo ein Storch, sucht
Nahrung für die Brut, und dafür ist die
Maus perfekt, ein Frosch besser als gut.

So trägt der Meister Adebar, den Frosch,
der kaum ein Jahr alt war, hinauf zu seinem
Nest, er füttert damit seine Brut, und frisst
selbst auf den Rest.

Die Moral von der Geschichte: Pass gut auf deine
Feinde auf, sitzt du im Morgenlichte

100
Nasses Schniedelchen

An einem warmen Tag am Strand, an dem
du eben lang gerannt, ist dir nach einem
Bade, erst sind nur die Füße nass, und dann
auch schon die Wade.

Zunächst ist dieses angenehm, du hast ja
auch geschwitzt, jedoch ist es oft
unbequem, wenn's Schniedelchen
bespritzt.

Besonders bei kaltem Wasser, wer kennt das nicht

101
Ungesunde Lebensmittel

Der Professor steht und spricht: „Du sollst
von diesem essen nicht, das ist nicht gut für
die Figur, und verkürzt dein Leben nur."

Ich glotz ihn an: „Auch nicht den Speck,
sonst geht doch nicht der Hunger weg?"
„Nein auch nicht das, und außerdem, auch
nicht von diesem und von dem."

„Nicht Fleisch, nicht Fett, nicht Mortadella,
nichts mehr davon kommt auf den Teller,
und auch nicht mehr die langen Wiener,"
so steht und spricht der Mediziner.

Ich schau ihn an, kann es nicht glauben, will
er uns Lebensfreude rauben? Kein Alkohol
aus Glas und Flasche, sonst füllt man
zeitnah deine Asche, in eine Urne, die am
Band, in der Erde schnell verschwand.

Die heißgeliebte Trümmertorte, der
Kuchen mit der Himbeerborte, der
Bienenstich, die Sahneschnitte, ach lieber
Doktor, bitte, bitte.

„Nein, gewiss, und überhaupt, ist auch
nicht Nikotin erlaubt. Zigaretten und
Zigarren, ist, worauf die Teufel harren,
nichts von dem ist wirklich gut, wirf sie in
des Ofens Glut."

Mir bleibt allein die Meerschaumpfeife, die Tante Alma mir geschenkt, jedoch wenn ich sie jetzt entzünde, werd ich vom Lucifer gehenkt.

Die schöne fette Weihnachtsgans, der Schweinebraten mit der Kruste, der Räucheraal von Fischer Franz, und sicher auch nicht Schmalz auf Brot, sonst bist du übermorgen tot.

Mir bleiben Hirsebrei und Knäcke, und eine Kanne voll von Wasser, ich glaub, ich werd ein Ärztehasser.

102
Fallobst

Der Apfel hat in seiner Mitte, viel Kerne so wie eine Quitte, und oben wächst an einem Stängel, wie du das so häufig hast, der Apfel dann an einem Ast.

Als Fallobst landet er im Garten, erschlägt dabei aus großer Höhe, zwei ganz normale Hundeflöhe.

Manchmal stürzt von einem Baume, eine
Birne, eine Pflaume, und als zweite, oder
dritte, auch eine überreife Quitte.

Manch Floh verliert dabei sein Leben, durch
diesen Fallobst-Umstand eben, nur häufig
ist das eben nicht, sonst reimt es nicht in
dem Gedicht.

103
Tod einer Haselnuss

Es fiel aus einem Reisebus, eine kleine
Haselnuss, der Bus fuhr rüber mit dem Rad,
da machte ihre Schale knack, und so war
dieser Reisebus, für diese Nuss der Tod,
und Schluss.

104
Maikäfer

Es hat der braune Käfer-Mai, auf jeder Seite
Beine drei, doch weil das Laufen müde
macht, ist dieser Käfer ziemlich klug,
bewegt sich daher nur im Flug, schont seine
Beine, zweimal drei, so ist das mit dem
Käfer-Mai.

105
Frühjahrssonne

Heute scheint mal wieder Sonne, das ist
eine Frühjahrswonne, das Glück ist meist
sehr schnell vorbei, kommen Regentropfen
zwei.

106
Gesunde Ernährung

Ich aß mal eine kleine Nuss, weil man das
soll, und auch mal muss, für die Gesundheit
tut mal viel, hier zwischen Flensburg und
auch Kiel.

Und täglich kau ich einen Apfel, auch der
gesund, voll Vitamin, und wegen
Spurenelement, verspeise ich, was jeder
kennt, auch noch Joghurt und Gemüse, und
wegen Eisen stets parat, eine Packung mit
Spinat.

Das Fleisch vom Kalb, dass lass ich sein, es
soll voller Hormone sein, ernähre mich
auch viel von Fisch, nicht gefroren sondern
frisch. Allerdings sind da die Würmer, die
sie Nematoden nennen, die über frische
Fische rennen, finde ich ein Nematod,
schlage ich es also tot.

Bei meinem Schlachter hängt Plakat:
„Steak ist feine Lebensart," ich mag das
gerne auch gegrillt, von einer Pfanne die
gerillt, das gibt ein eingebranntes Muster,
und es heißt BBQ modern, so nennen
Menschen es hier gern.

Allein mein Arzt mag das nicht hören
„Das rote Fleisch ist ungesund, macht Krebs
und Pickeln auch im Mund."
Ich weiche aus auf viel Geflügel, das mit
dem hellen zarten Fleisch, denn Hühnchen,
Ente, Gans und Pute, haben das helle
Fleisch, das Gute.

Bruder Leichtsinn denke daran, dass
Salmonellen kleben dran, an deinem Teller,
am Geschirr, an vielen Stellen noch viel
mehr, da streiche ich aus Speiseplan, Ente
geröstet, Suppenhahn, und stelle die
Ernährung um, bin weder leichtsinnig noch
dumm.

Eier kommen auf den Tisch, direkt vom
Bauern, also frisch, gekocht, gebraten und
püriert, und schaumig als Dessert gerührt.
„Alarm", schreit jemand: „Bist du irre, hier
eine Meldung aus Berlin, die Eier sind voll
Dioxin." Ich lese meinen Speiseplan, zu
sehen, was ich ändern kann.

Obst und Gemüse denk ich mir,
gelegentlich ne Flasche Bier, mal eine
Traube von dem Wein, das muss nicht nur,
das darf auch sein.

„Nein das darf nicht, auf keinen Fall, das
Obst wird oft mit Pestiziden, gespritzt und
daher meist gemieden, und Bier das so
gesund und fein, haut mächtig in die Leber
rein," es steht der Internist und spricht:
„Trink Bier dann hast du alsbald Gicht."

Die Moral von der Geschichte: Liebst gutes Essen, bist
begehrlich, essen und trinken ist lebensgefährlich

107
Der Äquator

Die Erde ist zwei Hälften wohl, mit oben,
unten, einem Pol, und irgendwo ist da die
Naht, der Schöpfer wohl gezogen hat.

Äquator heißt die dünne Spur, man sieht
sie nicht, man weiß es nur, dass hier vor
millionen Jahren, nur die Erdenhälften
waren.

108
Die Weinprobe

Bei einer Probe von dem Wein: „Darf er
auch etwas trocken sein?" erlebt man
Gaumenfreuden oft, jedoch trinkt man
auch unverhofft, was so nicht zu erwarten
war, den neuen Wein von diesem Jahr.

Mal ein Mosel, mal ein Roter, mal ein
Grauer aus Burgund, mal ist es späte Lese,
mal Federweißer, also jung, mal ist er
süffig, delikat, modern und lieblich voller
Feuer, der ist natürlich ziemlich teuer.

Man hört von Öchsle, das ist hier, mit
Sicherheit kein kleiner Stier, das ist die
Süße durch die Sonne, bereitet Schlund und
Zunge Wonne.

Dann kommt vielleicht ein Edelzwicker,
oder einer aus Bordeaux, bei einer Probe
ist das so. Dazwischen dann die kleinen
Häppchen, die Käsestangen und das Brot,
die Weinprobe ist keine Not.

Es mischt Kommerz sich mit Kultur, denn
die Geschichte von dem Wein, wird mehr
als tausend Jahr alt sein.

Zum Schluss sitzt man vorm Orderblatt,
was wohl so gut gemundet hat: „Kann ich
noch mal die Nummer vier, ich glaube
wohl, der schmeckte mir, oder war es der
Spargelwein, so hell, so klar, geschmacklich
fein?"
Ich weiß nicht mehr was mir gemundet, als
ich den Flaschentisch umrundet, vielleicht
hat ich doch Nummer sieben, mir im Geiste
aufgeschrieben.

Ich weiß nicht mehr, probier noch mal,
allmählich dreht sich schon der Saal,
probier noch mal die neun, die fünf, und
auch die Trockenbeere, wenn mir nur
schlecht nicht wäre.

Sodann der Orderzettel voll, der Magen
auch, die Gläser leer, wenn ich doch bald zu
Hause wär, die Welt dreht sich in meinem
Kopf, es hämmert unter meinem Schopf,
die Augen trüb, die Zunge schwer, wenn ich
nur bald im Bette wär.

109
Trinken

Viel trinken soll der Mensch am Tag, das ist
ein guter Ärzte-Rat. Viel Wasser, Tee und
Saft von Obst, und Bier in Maßen sei auch
gut, das machte mir sofort viel Mut.

Ich geh ins Wirtshaus, bestelle mir, zu
meiner Haxe gleich ein Bier, jedoch es soll
ein Maß gleich sein, das schärfte mir der
Doktor ein.

110
Die Medizin

Wer nicht sehen kann, nimmt Brille, wer
kein Kind will, frisst die Pille, wer Knochen
bricht, braucht Gips, modern, schraubt man
auch manche Brüche gern.

Hast du Probleme mit Gelenk, wird auch
häufig eingerenkt, wenn Knie defekt, die
Hüfte schmerzt, wird mit Ersatzteil
ausgemerzt, ein neues Ding aus Edelblech,
und schon sind deine Schmerzen wech.*

Gegen viele andre Pein kann man auch
geimpft wohl sein, man ist immun nach
einem Picks, manchmal braucht man davon
zwei, im Extremfall auch mal drei.

Gegen Schmerzen im Gebiss, hilft eine Bürste ganz gewiss, gegen Plattfuß, Hammerzehe, hilft die Einlage spontan, sie soll nur in den Schuh getan.

Gegen Schmerzen, Fieber auch, sind die Pillen im Gebrauch, sind die Leiden dann nicht weg, legt man Dich erst mal ins Bett. Nur die wirklich großen Sachen, muss mit dem Skalpell man machen, da wird man hin und her gedreht, und danach wieder zugenäht, so ist moderne Medizin, mal für sie und mal für ihn.

*alternativ: Aus Edelbleck, schon sind deine Schmerzen weg, hört sich aber blöde an, oder?

111
Mein Hund

Vor meinem Haus steht die Laterne, sie leuchtet freundlich in der Nacht, daran hebt mein Hund stets gerne, das eine Hinterbein und dann, weil er's nicht länger halten kann, strahlt er auf den Laternenfuß, weil nicht nur will, sondern auch muss. So strahlt nicht nur die Gas-Laterne, mit hellem, klarem warmen Strahl, doch auch mein Hund, der war einmal, er starb in der Septembernacht, an einem Abend gegen acht.

112
Politiker

Die Politik als Hauptberuf, die bessert auch
dein Konto uff, und außerdem, schlau ist
nicht not, du kannst gern dämlich sein wie
Brot.

Die Intelligenz wird nicht getestet, wenn
man sich am Gemeinwohl mästet, die
Hauptsache, du bist bereit, zu
stromlinienhafter Förmlichkeit.

Bist vorbestraft?
Ist kein Problem, ist wie bei dem, und dem,
und dem. Mit Denken bist du nicht dabei,
das macht für Dich schon die Partei, und
Gewissen, eigenes Denken?

Du kannst denken, andere lenken, meist
nur die Großen der Partei, sind bei
Entscheidungen dabei.

Willst du zur ersten Garnitur, fahr einfach
zu der Demo nur, wirf Steine auf die Polizei,
verschieß Silvestermunition, mach eine
Sitzblockade, dann kommen die Reporter
schon, und machst du dann noch mehr
Rabatz, bekommst den sicheren
Listenplatz.

Warum sich also extra sorgen, ich sitz im Parlament ab morgen, hab ausgesorgt, und viel verdient, und die Kontakte die ich fand, bringen mich durchs ganze Land.

Abstimmung fraktionsintern, eigene Meinung, gar nicht gern, wer eine eigene Meinung hat, und vor dem Mund hat auch kein Blatt, ist weg vom Fenster nächstes Mal, bestimmt schon bei der nächsten Wahl.

Genieß die Rente und Pension, wofür du 40 oder gar, 50 Jahre brauchst das schafft, die Politik meist schon nach acht, nur ist sie vielfach höher dann, sowohl bei Frau wie auch beim Mann.

113
Landwirtschaft, gestern und heute

Es sagt der Ökonom-Agrar, wies früher einmal richtig war. Die Schweine gern besonders Fett, und Entendaunen für das Bett.

Die Felder düngen war ganz wichtig, mit Kuhmist war das völlig richtig, die Hühner saßen auf der Stange, vor Käfighaltung keine Bange.

In einem Nest aus Heu und Stroh, waren die Legehennen froh, die Eier schmeckten noch nach Ei, und nicht nach irgendeinem Brei.

Das Borstenvieh in seinem Stall, das grunzte beinah überall, bekam Kartoffeln, altes Brot, und litt gewiss nicht große Not.

Die Kühe standen auf der Weide, sie fraßen Gras und Klee und gern, ließen sie sich melken von dem Herrn.

Heute sehen sie kaum Sonne, es ist für Kühe keine Wonne, die Melkmaschine saugt sie aus, es für sie ein Horrorhaus.

Niemals Sonnenlicht zu sehn, immer nur im Stall rum stehen, Kraftfutter statt grünem Gras, wären sie Menschen, wären sie blass.

Gülle, Pferdeäpfel auch, waren früher als Dünger im Gebrauch, nicht wie heute Stickstoff, Kalk, und auch Phosphat noch vor der Mahd, damit man gute Ernte hat.

Pferdeäpfel, Hühnermist, bestens für Gemüse ist, da schmecken Bohnen, Kraut, Tomaten, wie die, die wir im Garten hatten.

Äpfel, Birnen manches Kraut, aus dem
Garten man gern kaut, es schmeckt so gut,
nicht nach Chemie, genau so geht es wohl
dem Vieh.

Wer frisst denn gerne aus den Tüten, aus
Futtersäcken, aus dem Fass, wir müssen
Tiere doch behüten, sonst beißen wir noch
selbst ins Gras.

Kehrt zurück zu der Natur, es läuft doch
eure Lebensuhr, mit allem was ihr falsch
verzehrt, immer schneller und verkehrt.

Denkt doch an alle die nach uns, versinken
sonst im Nahrungssumpf.

114
Die Wolke

Eine Wolke vor der Sonne, verdirbt die
ganze Bräunungswonne, also bleibst du
glatt und schier, liebe Wolke, danke Dir.

Wer immer wieder jeden Sonnenstrahl mitnimmt,
sieht im Alter aus wie eine vertrocknete Zitrone

115
Das Flugzeug

Es steigt ein Flugzeug in die Luft, Propeller
dreht, der Himmel ruft, es schwingt sich
über Wolkenberge, die Menschen unten,
klein wie Zwerge, die Flüsse, Täler, Seen
und Brücken, kann man winzig klein
erblicken.

Wenn man in den Himmel sieht, das
Flugzeug unserem Aug entflieht, man sieht
es nur am Horizont, als einen winzig kleinen
Ponkt.*

*alternativ: Am <u>Horizunt,</u> als einen winzig keinen
Punkt, auch doof

116
Museum

Es war mal ein Museumshaus, dort stellt
man alte Sachen aus, aus Technik und auch
aus Kultur, zum Beispiel alte Eieruhr.
Alte Lampe an der Kette, ein Spülkasten
aus der Toilette, die handgedruckte
Lutherbibel, von neunzehnhundert eine
Fibel, diverses Spielzeug ganz aus Holz,
darauf waren Kinder einmal stolz.

Viele hundert Folianten, Gehäkeltes von
alten Tanten, alte Flaschen grün und braun,
stehen in einem Sonderraum und sind dort
täglich an zu schauen.

Waschgeschirr aus Porzellan, und Lampe
für Petroleum, Löffel die vernickelt sind,
und eine Wiege für ein Kind, Blechdosen
für Soda, Salz, und eine kleine ist für
Schmalz.

Die ganze Welt ist hier zu sehen, wie war es
ehemals so schön, keine Hektik, keine Hast,
die gute alte schöne Zeit, sie ist vorbei, sie
ist schon weit.

117
Tod eines Schmetterling-Muttertieres

Ein Ling der schmettert durch die Luft, ein
Schmetterling nach Mutter ruft, er sucht
das mütterliche Tier, denn er kann nicht
ohne ihr.

Er ahnt nicht dass vor einer Stunde, Mutter
starb in einem Schlunde, eines anderen
Tiers als Nahrung, dies ist die bittere
Erfahrung.

118
Theater

Es sitzen Menschen im Parkett, Theatersaal
hinreichend nett, nach alter Art mit Samt
und Seide, Gold und Rot und Logenplätze,
Leuchter bringen warmes Licht, und vorne
auf dem Bühnenrand, ein großer
Blumenkübel stand.

Kurzum ist dieser Ort erschaffen, um auf
die Schauspieler zu gaffen. Davor dann der
Orchestergraben, für alle die die Ohren
laben, mit Musik der Geigen, oder auch mit
Blasmusik, für viele ist das Lebensglück.

Dann wird es dunkel, Vorhang auf, das
Bühnenbild ist wunderschön, so richtig
herrlich an zu sehn. Die Mimen springen
hin und her, und hinterm großen Vorhang
rennt, ganz sorgenvoll der Inspizient.

Der Regisseur, ein Mann von Welt, die
Haare etwas aufgehellt, hat Sorgen ob sein
Startenor, trifft mit dem Ton ein jedes Ohr,
oder ob, wie jüngst geschehen, die ersten
in der Pause gehen.

Doch alles klappt, und selbst das Licht, das
sich in den Kulissen bricht, ist warm und
punktgenau und hell, der Beleuchter also
schnell, greift zwischendurch zum Käsebrot,
in zwei Minuten ist er tot.

Nicht er, beileibe nicht, es ist der Held, der sich ersticht, auf Brettern die die Welt bedeuten, vor allen diesen vielen Leuten, aus Gram, denn seine Braut Mathilde, eine schöne blonde Wilde, macht herum mit Knecht vom Stall, und so ist das wohl überall.

Theater spiegelt unsere Welt, in Trauer und Vergnügen, so ist das auf der ganzen Welt, wie zwischen Kiel und Rügen.

119
Camping

Die Luft so kalt der Regen fällt, es ist so feucht im kleinen Zelt, es fehlt die Sonne warm und hell, sonst erkältet man sich schnell. Zum Ausgleich läuft auf jeder Stulle, auch auf der guten Schampus-Pulle, eine Meise, die mit A, so war das auch im letzten Jahr.

Der Sack von meinem Mann ist feucht, der Schlafsack also ist nicht warm, so etwas legt sich auf den Darm, man muss sehr häufig zum WC, barfuß auf Steinen, das tut weh, die Füße sind ja nicht aus Stahl, ach käme doch ein Sonnenstrahl.

Das Klo besetzt, Warteschlange, die
meisten Leute stehen schon lange, x-beinig
oder Stirn beschweißt, weil jemand da so
lange scheißt.*

Doch irgendwann bist du dann dran,
erleichtert sinkst du auf die Brille, genießt
die stinkend nasse Stille.

Du kommst zurück zu deinem Zelt, das trotz
dem Sturm noch immer hält, die ersten
Tropfen dringen ein, es kommt ein Rinnsal
noch recht klein, allmählich wird daraus ein
Fluss, so kommt es wie es kommen muss.

Vor deinem Zelt entsteht ein See, du denkst
jetzt möchte ich Moses sein, dann käm ich
in mein Zelt noch rein.

Du kannst nicht über Wasser gehen, kannst
deine Zehen im Schlamm nicht sehen, du
fluchst und weil du immer nass, wird deine
Haut allmählich blass.

Ich zelte demnächst in der Wüste, und
nicht mehr an der feuchten Küste, immer
trocken, voller Bräune, sind meine
nächsten Urlaubsträume.

* Sorry wegen dem Kraftausdruck, war wegen
dem Reim, ging nicht anders

120
Der Fresser

Jovial und vollgefressen, hat er in dem
Lokal gesessen, Gänseleber,
Hummerschaum, warn auf dem Teller an zu
schauen, dazu trank er vom Weingut
Krause einen Tropfen Spätburgunder,
Bauch und Wangen werden runder.

Als Dessert stopft er sich rein,
Erdbeerschaum mit weißem Wein. Der
Zucker und das Fett im Blut, sind für
Gesundheit gar nicht gut, so ist er eines
Tages tot, doch viel zu früh, ganz ohne Not.

Fazit: Hätte er nur Diät gehalten, wär er heut einer
von den Alten

121
Martin Luther

Hunger hat der fromme Mann, wie man's
am Magen hören kann, der knurrt, und
Luther schnell beschließt, dass er jetzt
einen Apfel isst, dann speist er noch ein
Brot mit Zwiebel und übersetzt sodann die
Bibel.

Da kommt der Teufel aus der Wand, wo
eben noch der Brotkorb stand, und Martin
greift nach irgendwas, und er erwischt das
Tintenfass, das schmettert er mit voller
Wucht, der Teufel ergreift schnell die
Flucht.

Der Tintenfleck an Wartburgs Mauer,
macht die Menschen heute schlauer, sie
wissen nun doch ganz gewiss, dass hier ein
Mönch mit Tinte schmiss, auf diese Art
entstand Graffiti, heut zu sehn in jeder City.

122
Das Flugzeug

Es brummt, es pfeift, rauscht durch die
Luft, als ob ein Sturm nach Mutter ruft, es
heult, es knattert auch mal gerne, bis
hinauf zwischen die Sterne, zieht weiße
Streifen wie ein Herz, befördert Menschen
himmelwärts, durchstößt die Zirrus-
Kumulus, wenn es zur Himmelspforte muss,
kehrt doch nach langem Flug zurück, auf
Erden liegt das Lebensglück.

123
Streichholz

Brauchst du Feuer für den Ofen, musst du
schnell zum Kaufmann lofen,* gibt dieser
nicht ein Streichholz dir, bekommst du
Feuer halt von mir.

* alternativ: Für den Aufen, musst du schnell zum
Kaufmann laufen, aber das würde sich noch
bekloppter anhören

124
Am Waldesrand

Am Rand von einem großen Wald, liegt
eine Leiche die schon kalt, da wo die rechte
Hand gewesen, liegt ein alter roter Besen,
dort bei dem großen grünen Farn, da war
gewiss einmal ein Arm.

Die Augenhöhlen schwarz zerlaufen, da wo
einmal die Nase war, ein länglich, rotes
etwas war, du nimmst das Handy, Polizei,
und sagst: „Am Stamm der alten Eiche, liegt
eine ziemlich kalte Leiche."

Mit Blaulicht und mit viel Radau, kommt
ein Auto das ist blau, und POLIZEI steht auf
der Karre, man stürmt heraus mit einer
Knarre.

Es wird sodann mit schneller Hand,
abgewickelt Flatterband, damit man nicht
zertritt die Spur, die man noch sieht in
Wald und Flur.

Dann kommt ein Auto, das ist rot, zu sehen
welcher Mensch ist tot, auch daran blinkt
ein blaues Licht, sonst sieht man ja das
Auto nicht.

Zum Schluss erscheint in grünem Kleid, der
Förster, denn der wohnt nicht weit,
begleitet von dem treuen Hund auf seinen
kurzen Dackelbeinen, will auch um diese
Leiche weinen.

Jedoch ist dieses nicht so Not, denn es ist
mitnichten tot, ein Mensch aus Fleisch, ein
Mensch aus Blut, das sieht der Förster mit
dem Hut.

„Das war doch nur ein Mann aus Schnee,
ein Schneemann der geschmolzen ist, die
Möhre war mal seine Nase, die frisst
demnächst einmal ein Hase, und der Besen
der ist rot, den hatte der doch in dem Arm,
der Rest davon schmilzt dort beim Farn."

Plötzlich sind alle Autos weg, zurück bleibt
nur ein nasser Fleck.

125
Autofahrersorgen

Bei Rot über die Ampel fahren, die
Schranke von der Eisenbahn, Glatteis und
Schnee und Seitenwind, Gegner der
Autofahrer sind.

Loch im Auspuff, kaum Profil, und das Ding
säuft viel zu viel. Mit dir mault auch der
TÜV, die Lampen strahlen viel zu schiff,*
der Motor heult, die Kardanwelle, die
rechte Tür hat eine Delle, Schnaps saufen
soll der Fahrer nicht, sonst steht er bald vor
dem Gericht.

Das Fahren ist doch überhaupt, mit vielen
Regeln nur erlaubt. Vorfahrt achten,
Zebrastreifen, rechts vor links und
Ampellicht, sonst funktioniert doch fahren
nicht, und nicht zu schnell, nur mäßig flott,
natürlich nicht im Bummeltrott.

Immer rechts auf rechter Spur, den Blick
fest auf der Tachouhr, und Abstand halten
jederzeit, zum Bremsen ist man stets
bereit.

Ein andres Ding das sind die Kosten,
besonders wenn die Felgen rosten, wenn
Lack sehr matt, Profil hinüber, der
Scheibenwischer schliert auf Glas, sobald
die Straße wenig nass.

Versicherung und auch die Steuer, macht
Autofahren ziemlich teuer, und der Betrag
für einmal tanken, lässt auch sehr oft mein
Sparschwein wanken. Ich gehe einfach
mehr zu Fuß, nicht weil ich will, doch weil
ich muss.

* alternativ: ›Mault auch der Tief, die Lampen strahlen
viel zu schief‹, wäre wohl auch kein gutes Deutsch,
oder hat jemand da eine andere Meinung?

126
Feierabend auf dem Hof

Hinter einem Baum mit Borke, steht die
rostig alte Forke, die Zinken nicht mehr
silber-blank, der Stiel schon angebrochen,
ein Rest von Kuhmist klebt noch lang, und
kräftig hat es auch gerochen.
Feierabend auf dem Hof, die Frau ist dick,
der Bauer doof, die Schweine liegen schon
im Mist, wies so auf Bauernhöfen ist, die
Katze hinterm warmen Ofen, den Hund
sieht man daneben poofen.

Hühner sitzen auf der Stange, vorne kurze,
hinten lange, die Köpfe unterm Federkleid,
so werden nicht die Schnäbel kalt.

Die Kühe liegen auf dem Stroh, und malen
kauend wieder, das ist bei Kühen eben so,
auch ganz ohne Gefieder.

Das Pferd das Maul voll Hafenschleim, steht
ruhig gerade auf dem Bein, es legt sich
nicht, es schläft im stehen, das hat man
häufig schon gesehen.

Im Heu da liegt ein Mäusenest, dabei von
Käse noch ein Rest, geklaut aus einer
Mausefalle, dort fehlt jetzt Käse, der ist
alle.

Unter dem Dach der alten Scheune hat eine
Fledermaus ihr Heim, sie fliegt bei
Dunkelheit durch Räume, fängt Fliegen,
Mücken andere Brummer, und hat auch
schon mal Liebeskummer.

Die Magd den Knecht, das Vieh im Stall,
hier ist es so wie überall, es ist wie schon
vor langer Zeit, wärmt gegenseitig sich den
Leib.

Ein Hof ist eine eigene Welt, wo jeder lebt
wies ihm gefällt, da wo schon mal ein
Hofhund bellt, lebt man am besten auf der
Welt.

127
Wetter

Wenn du in einem Strandkorb sitzt, und
richtig in der Sonne schwitzt, dann denkst
du doch es ist so heiß, auch käme doch
bald Schnee und Eis. Im Winter Fuß und
Finger kalt, auch käme doch sehr schnell
und bald, der Sommer mit der warmen
Sonne, das wäre meine größte Wonne. Nur
selten ist der Mensch zufrieden, ist er im
Krieg, dann will er Frieden, im Frieden will
er keinen Krieg, jedoch ist er ausreichend
klug, tut er für Frieden denn genug?

128
Wohnen

Der Eskimo im Iglu wohnt, der Indianer in
dem Zelt, der Germane wohnt in Höhle, es
ist verschieden auf der Welt. Japaner
haben aus Papier, die Hütte, sitzen auf dem
Boden, erkälten sich die Füße dort, und
manchmal auch den Hoden. Reiche Leute
im Palast, der Arme lebt oft im Morast, in
vollgestopfter Mietskaserne, leben viele
nicht sehr gerne, auf dem Land, im
Bauernhof, finden manche Leute doof, die
Möwe wohnt auf einem Riff, und der
Matrose auf dem Schiff.

Die Nutten leben im Bordell, Soldat in der
Kaserne, manchmal treffen sie sich schnell,
das haben beide gerne. Der Priester lebt im
Zölibat, das der Papst so gerne hat, der
Trucker lebt im LKW, vom sitzen tut der
Hintern weh.

Die Kellerassel wohnt im Keller, da ist es
dunkel und nicht heller, auf der Wartburg
wohnte Luther, aß zum Frühstück Brot mit
Butter, und der Ganove wohnt im Knast,
selbst wenn ihm das nicht wirklich passt.

129
Brücken

Es haben römische Legionen, die einst mal
hier im Lande wohnen, viel gebaut und
konstruiert, ohne Zement und Stahlbeton,
nur so aus Steinen aufgeschichtet, Häuser,
Türme und auch Brücken, die uns auch
heute noch entzücken.

Damals ritten hoch zu Ross, sie darüber zu
dem Schloss, besuchten Ritter Kunibert,
bewunderten sein schönes Schwert. Wenn
heut ein Römer als Tourist, auf einer unsrer
Straßen ist, und dann ne Brücke überquert,
dann denkt er sich, er ist verkehrt.

Stahlbeton der bröckelt munter, überall
fallen Steine runter, und die Pfeiler brechen
bald, sie sind ja dreißig Jahr schon alt. Der
Römer denkt: „Wie kann es sein, wir
bauten früher Stein auf Stein," so denkt er
und ihn wundert sehr: „Kann der Germane
gar nichts mehr?"

130
Der alternde Mensch

Der Mensch besteht aus Fleisch und Blut,
wenn er ein Mann ist außerdem, aus Anzug
und aus Hut. Die Frau besteht oft auf
Make-up, und einem Kleidchen, möglichst
knapp.

Das Kleidchen wird allmählich länger, wird
ausgetauscht, sie trägt nun Hänger, der
Mann statt Anzug der recht lose, trägt nun
meist eine Trainingshose.

Viel Wasser, Fett und etwas Kalk, so
werden wir allmählich alt, der Kalkanteil
steigt ständig an, doch auch bei Frau, nicht
nur bei Mann.

Zuerst fallen dann die Haare aus, und dann
auch noch die Zähne, man hört jetzt
schlecht und geht recht krumm, und dann
auch noch Migräne.

Eingebaut wird neues Knie, und Hüftgelenkprothese, man kann nicht mehr so richtig kauen, steigt um auf weichen Käse. Im Ohr pfeift eine Hörmaschine, der Treppenlift auf einer Schiene, beim Optiker bist guter Kunde, gehst mit Rollator eine Runde, so humpelst du fortan durchs Leben, so ist das mit uns Alten eben.

131
Beine

Giraffen haben lange Beine, Flöhe haben nur ganz kleine, Würmer rutschen auf dem Bauch, so geht das auch.

132
Essunfall

Es stach sich einmal mit der Gabel, ein Esser heftig in den Schnabel, als er voller Essenslust, speisen wollte Entenbrust. Allein er war sehr ungeschickt, und hat sich dann so rein gepickt, der Gabel Zinke Nummer vier, voller Brust vom Speisetier.

Und die Moral von der Geschichte: Esse niemals voller Hast, selbst wenn du großen Hunger hast

133
Joggen

Die Nase läuft, der Jogger auch, das ist
Rezept bei zu viel Bauch, Kilometer zwei bis
sieben, laufen muss man langsam üben, die
Lunge pfeift, es schmerzt das Knie, der
Schweiß benetzt die Stirn, und bist du
wieder dann zu Haus, befreit ist dann das
Hirn.
Der halbe Marathon geht bald, übst in der
Stadt, du übst im Wald, man sieht dich an
der Küste laufen, sieht dich an einem Baum
verschnaufen, und irgendwann nach langer
Zeit, bist du für Marathon bereit.

Da rennst du dann und bist beglückt, dass
dir der Zieleinlauf geglückt, du kannst nun
auch in Hamburg melden, in London und
auch in Madrid, für langes Laufen bist du
fit.
Wie schön ist doch der Leistungssport,
doch viele nennen dieses Mord.

134
Christenmenschen

Geld wie Heu und egoistisch, das ist doch
nur wenig christlich, viel Gebet und
Frömmigkeit, ersetzt nicht gute
Menschlichkeit.

135
Die Löcher

Löcher sind wohl in der Nase, Löcher sind
auch in der Straße, Löcher sind im
Staatshaushalt, und in Autos die schon alt,
Löcher gibt es überall, auch schwarze nach
dem Ur-Urknall. Guter Käse hat auch Loch,
aber denkt, wie schmeckt er doch, Löcher
sind in altem Dampfer, und im Blatt vom
Sauerampfer, Löcher sind ganz allgemein,
sehr real und nicht nur Schein.

136
Das Karussell

Es hat einmal ein Karussell sich ziemlich
schnell gedreht, da hat es mir den teuren
Hut, vom Fahrtwind weg geweht. Es wird
mir nun die Birne kalt, die nicht nur haarlos
sondern alt, ich kaufe mir nun ein Toupet,
dann tut mir nicht der Kopf so weh.

137
Die Säufer

Sie soffen Wein, sie soffen Met, so viel wie
mit Gewalt rein geht, lebten in Rom, und in
Athen, man sah sie dort sehr schwankend
stehen. Germane voller Honigwein, steht
mal auf einem Bein, mal auf zweien.

138
Kuchenrezept

Heute gibt es schönen Kuchen, musste erst
Rezept raussuchen, Mehl und Hefe und ein
Ei, Butter, Öl sind auch dabei, dazu Schale
von Zitrone, und das Fleisch einer Melone,
frisst du davon viel zu viel, musst du ins
Krankenhaus nach Kiel.

139
Futter

Kühe fressen gerne Gras, frisch oder als
Heu, auch mal einen Löwenzahn, und auch
mal Haferstreu. Sie haben freundliches
Gemüt, und blicken heiter in die Welt, sie
singen auch mal Weihnachtslieder, wenn
die Christbaumglocke schellt.

140
Der Trinker

Es war mal eine Schampus-Flasche, die trug
ein Trinker in der Tasche. Plötzlich platzt
die Flasche uff,* er kam nicht mehr zu
seinem Suff, da gesteht er seltsam offen:
„Hätt ich sie vorher ausgesoffen."

* alternativ: Platzt die Flasche auf, er kam nicht mehr
zu seinem Sauf, würde sich aber ziemlich seltsam
anhören, oder?

141
Neujahrsbrauch

Raketen, Böller, Frösche-Knall, verkauft
man heute überall, es ist Silvester,
Jahresschluss, da knallt man weil man
knallen muss. Feuer aus Bengalien, Raketen
aus Italien, und aus Polen dann sehr laut,
die gefährlich sind gebaut. Ab ist der
Finger, ab die Hand, und der Kopf ist auch
verbrannt, für mich vorbei die Knallerei, ab
nächstem Jahr gieß ich nur Blei.

142
Die Arche Noah

Noah baut kein Schiff aus Stahl, ihm fehlt
ein Schweißgerät, er nimmt als Baustoff
einfach Holz, aus Metall ist nur die Pfanne,
in der er Spiegeleier brät. Dann schippert er
mit seinem Kasten, der groß ist wie ein
Fußballfeld, ohne Motor, ohne Masten,
durch unbekannte Wasserwelt. Nach langer
Zeit strandet sein Schiff, ohne Funk, Lot
und Radar, auf einem großen Felsenriff,
und alle Tiere schrien Hurra. Dann gingen
sie sehr bald an Land, und freuten sich auf
grüne Wiesen, sie gingen dabei Hand in
Hand, die Kleinen und die Riesen. Die Arche
wurde dann verschrottet, in einer
Möbeltischlerei, denn ihr Kiel war sehr
verrottet, ob dies so stimmt, ist einerlei.

143
Marienkäfer

Marienkäfer speiste Laus, er fand das war
ein guter Schmaus, ein Vogel pickte Käfer
weg, zurück blieb ein Marienfleck.

144
James Watt

Es hat ein Mensch mit Namen Watt, die
Handarbeit so ziemlich satt, er überlegt und
rechnet dann, was man mit Dampfdruck
machen kann. Nach einem Brot mit
Ölsardine, entwirft er eine Dampfmaschine,
seitdem ist diese stets bereit, vorbei war's
mit der Handarbeit.

145
Feinschmecker

Es lag einmal ein Pferdekopf zusammen mit
Atlantikrochen in einem großen Topf zum
Kochen.

Dazu reicht Maitre Cuisine* Honigwein von
einer Biene, und Himbeersoße, Sauerkraut,
die Gäste haben lang gekaut, und manche
haben auch gemotzt, und dann das Ganze
ausgekotzt.

* französisch für Küchenchef, hast du doch gewusst,
oder?

146
Geranien in Germanien

In einem Garten in Germanien, sieht man
derzeit meist Geranien, doch in zwanzig,
dreißig Jahren, denkst du dass du dich
verfahren, glaubst bist an der Cote-Azur,
denn dann wachsen Palmen hier.

Unser allzeit grüner Wald, ist verdorrt
schon ziemlich bald. Touristen dann aus
Afrika, aus China und Amerika, badend an
den Ostseeküsten, wenn das unsere Ahnen
wüssten, der Klimawandel ist real,
Geranien ach, es war einmal.

147
Der Poet

Ein Poet hat Sprachgefühl, als Lyriker
besonders viel, doch wenn der Reim gelingt
nicht bald, so reimt er auch mal mit Gewalt.
Bald nennt er einen Affen Affe, sonst reimt
es sich nicht mit Giraffe, dann wieder biegt
er ein Wort um, soll reimen auf
Harmonium.
Manche Wortschöpfung dann auch, stresst
das Hirn und stresst den Bauch. Dies also
schwer erträglich ist, besonders wenn man
Germanist.

148
Der Gesang

Er ist Lehrer für Gesang, und er liebt den
reinen Klang, den man aus Brust und Kehle
presst, die Zungenspitze macht den Rest.
Nur wer heiser mit Angina, singt die Arien
nicht prima, muss pausieren, Pillen
schlucken, und nicht große Töne spucken.

149
FKK

Textilfrei baden ist gewisslich, für manche
Menschen sehr ersprießlich, mit Hose an
bleibt weißer Fleck, mit ohne ist der Fleck
bald weg. Die Sonne bräunt den Hintern,
Backen, und ein Wenig auch den Schlauch,
der ohne schützendes Textil, bekommt von
Sonne viel zu viel.

Und dann der Sand der in den Ritzen, wo
die sensiblen Sachen sitzen, reibt bis der
Schmerz gar unerträglich, und rot und
wund sind viele Stellen, die braunen,
ehemals die hellen.

Und die Moral von der Geschichte: Gehst
du an einen Badestrand, sitz nicht mit
nacktem Mors im Sand, lege Handtuch
unter alle Ritzen, so kannst du nackt am
Strand gern sitzen.

150
Das Tretboot

Im Sporthotel am Badestrand, wo Wasser
mir zur Wade stand, hab ich ein Tretboot
ausgeliehen, und schwamm damit von Kiel
bis Wien.

151
Geld

Das Schlechteste ist auf der Welt, wohl
doch der goldene Götze Geld.
Doch tröstlich ist es zu erleben, das Reiche
auch nicht ewig leben, wo Geld sich von
allein vermehrt, ist auf der Welt etwas
verkehrt.

152
Der Tod des Schauspielers

Der alte Mime liegt im Bett und merkt ihm
bleibt das Leben weg, sieht einmal noch
vorüber ziehen, Engagements in Köln und
Wien, wo er als Wirt von dem Bordell,
gelegentlich als Wilhelm Tell, auf Brettern
die die Welt bedeuten, agierte vor
zehntausend Leuten.

Er schnauft und denkt wie war es schön,
ganz vorn am Bühnenrand zu stehen, nicht
enden wollte der Applaus, jetzt plötzlich ist
das Leben aus.

Revue passiert in seinem Hirn, der Herr im
Frack, der Herr im Zwirn, in Uniform als
Adjutant, wie auch er auf der Bühne stand.

Die Damen der Kollegenschaft, die mal als
ruhige Gouvernante, und mal als Onkel
Alfreds Tante, in vielen Szenen, manchem
Akt, mal angezogen mal fast nackt, mit ihm
gemeinsam eine Rolle, spielten im Märchen
auch Frau Holle. Frivol, auch mal im ernsten
Fach, mal leise Töne mal mit Krach.

Das ganze Leben zieht vorüber, es ist
vorbei, das Spiel ist aus, Requisiteure
packen ein, Theater ist doch nur zum
Schein.

Jetzt hast du Ruh, der Vorhang fällt, es hat
zum letzten Mal geschellt, ein letzter Blick
zur großen Bühne, so geht er aus dem
Leben raus, das Haus ist zu, das Licht geht
aus.

153
Einbrecher

Es war einmal ein Einbrecher, der liebte fremdes Geld so sehr, so dass er stahl was ihm gefiel, am liebsten Geld besonders viel.

Dann schnappte ihn die **Polizei**, da war die Klauerei vorbei.

154
Gestank

Ein Landwirt der nach Kuhmist stank, hängt seine Hose in den Schrank, so roch dann alles sonderbar, obwohl die Kuh ne Edle war.

155
Der Idiot

Es schoss sich mal ein Idiot, selbst in den Kopf die Ladung Schrot, und augenblicklich war er tot. Drum merke richte Waffenlauf, nicht auf dich selbst, sonst zahlst du drauf.

156
Das Eichhorn

Ein Eichhornmann sitzt auf dem Ast, er hat
den letzten Zug verpasst, wollte nach Köln
noch vor Silvester, denn dort lebt noch
seine Schwester, so bleibt er jetzt allein in
Mölln, kommt im Leben nicht nach Köln.

157
Himbeergeist

Eine Flasche Himbeergeist, die wegen
Himbeeren so heißt, die ward von jemand
ausgetrunken, da hat's nach Himbeeren
gestunken.

158
Frieden

Wenn eine Haustürklingel schellt, wenn ein
Hund nur leise bellt, wenn der Schnee nur
leise fällt, dann ist Frieden auf der Welt.

159
Die Deutsche Sprache

Der, der das Das erfunden hat, der weiß,
dass das Das, das mit zwei S geschrieben
wird, ein Bindewort, der ist im Kopf wohl
sehr verbohrt.

160
Ein Klo

Der Elefant mit großem Fuß, geht auf ein
Klo weil er mal muss, fällt dieses einer
Schnecke ein, bleibt da wohl eine Spur aus
Schleim, nur der Ägypter, Pharao, hat
eignes Pyramidenklo.

161
Neujahrswünsche

Kerzenlicht und fromme Lieder, jedes Jahr
kommt Weihnacht wieder, ne gute Woche
später dann, ist erneut Silvester dran.
Berliner und auch Punsch mit Schuss, das
ist was man haben muss, und farbiges
Raketenfeuer, möglichst laut und möglichst
teuer.

Immer wieder gleiches Spiel, von Allem
hofft man viel zu viel, soll besser werden
nächstes Jahr, selbst wenn schon dieses
wunderbar. Seid doch endlich mal
zufrieden, damit wir Menschen Frieden
kriegen.

162
Feuerwehr

Es war mal eine Feuerwehr, suchte das Feuer kreuz und quer, als sie den Brand dann endlich fand, dort nur noch die Ruine stand. Drum bei einem Brand Desaster, musst du sein ein wenig faster.*

* alternativ: Schneller statt faster, aber dann ist der Reim in Mors, faster ist natürlich very british

163
Mönche

Sie keltern Wein, sie brauen Bier, sie sind die besten Menschen hier, sie ziehen Pflanzen für Arznei, sind auch mit Wissenschaft dabei. Ich wünschte dass es gäb auf Erden, viele dieser Mönchesherden, ich hoffe dass dann auch alsbald, ein Loblied auf den Mönch erschallt.

164
Wintermärchen

Wintertime, Wintertime, oh wie ist der Schnee so fein, und die wunderschöne Glätte, wenn ich doch nur noch Streusalz hätte, oder Schieber für den Schnee, vom Frost tun mir die Finger weh.

Ich hab mich gar nicht raus getraut, doch ist
der Schnee schnell weg getaut, es tropft
schon ab von Baum und Haus, da ist das
Wintermärchen aus.

165
Fremde

Es sprach ein Mensch amerikanisch, auch
italienisch, etwas spanisch, da ich davon
kein Wort verstand, er kam ja aus dem
anderen Land, hab ich ihn einfach weg
geschickt, dazu hat er dann auch genickt.
Das Ganze ist schon lange her, wohnt jetzt
bei einem Dol-Mätscher.

166
Krause Gedanken

Männer kriegen Kinder kaum, dies tun
bevorzugt nur die Frauen, und rosa
Elefanten sind, aus Stoff meist Spielzeug für
ein Kind. Ein Eisbär lebt nicht in der Wüste,
sondern lieber an der Küste, noch besser
oben an dem Pol, er fühlt sich nur bei Kälte
wohl. Ein Goldfisch wohnt im Tannenbaum,
zu glauben ist das alles kaum, ein Rehlein
zart mit Beinen lang, sitzt im Stadtpark auf
der Bank.

Wenn ihr dies liest und alles glaubt, hat
man Euch den Verstand geraubt.

167
Spiegelei

Als der Koch die Suppe rührte, und die
misslang, was er gleich spürte, briet er sich
in Pfanne drei, ein wunderschönes
Spiegelei.

168
Esskultur

Es speisen viele französische Zofen,
Baguette am liebsten warm aus dem Ofen.
Nudelfans wohnen häufig in Rom, so ist das
seit vielen Jahrhunderten schon. Hund
kommt oft in Shanghai auf den Tisch, in
Japan essen sie gern rohen Fisch.

In Ländern wo Esskultur nicht sonderlich
groß, essen sie Fast Food, und das ist
famos. Leberkäs, Krautsalat dazu eine Maß,
das ist in Bayern der tägliche Spaß, und
Blinis und Wodka und Suppe aus Kohl, das
verspeisen die meisten Russen dann wohl.

Was essen Germanen da oben im Norden,
die übrig gebliebenen Wikingerhorden?
Die hauen sich mit Labskaus* den Magen
voll, dann rülpsen sie, saufen, und statt
prost heißt es „skål."

*Labskaus, typisch norddeutsches Gericht, schicke
jedem Leser das Rezept, meldet Euch gerne bei mir

169
Mit ohne Beine

Ein Krokodil machte kürzlich nur einmal
schnapp, da waren die Anglerbeine ab,
wenn er nun angelt erneut mal im Sumpf,
dann steht er nur noch auf seinem Rumpf.

170
Kleidung

Es war einmal ein Ziegenbock, der trug statt
Hose nur Minirock, da schämten sich seine
Anverwandten, seine Kinder und auch
seine alten Tanten, da schafft er den Rock
ab, trug nun nur noch Tanga, und den
ziemlich knapp.

Er dachte noch blöde Haute Couture,* am
besten geht es doch ohne ihr.

* Haute Couture, französisch für gehobene
Schneiderei

171

Nashorn

Ein Nashorn nast mit seinem Horn, es trägt
es hinten und nicht vorn, verteidigt damit
sein Revier, und das seiner Kinder,
insgesamt vier.

172
Das Loch

Ein Loch ist nichts mit was drum rum, wer
dies nicht glaubt ist ziemlich dumm. Wenn
Haufen Sand mit Palmenpinsel, dann ist das
eine Südseeinsel.

173
Nasse Rinderherde

Es stürmt, es regnet auf die Erde, benetzt
dort eine Rinderherde, benetzt den Wald,
des Bauern Haus, und plötzlich ist der
Regen aus. Das Haus wird trocken, auch die
Herde, ist wieder schön auf dieser Erde.

174
Schraube locker

Ist eine Schraube bei dir locker, fällst du
schnell vom Fernsehhocker, schraub wieder
fest, denn du bist schlau, und siehst sodann
die Tagesschau.

175
Marmeladenbrot

Ich esse gerne Knäckebrot, doch nicht mit
Marmelade, die ist so schön und rosarot,
zum Essen viel zu schade.

176
Tiere im Zoo

Im Zoo ein Bär, ein Affenbaum, da gibt es
immer viel zu schauen, Walrösser und
Pferd mit Streifen, die sie meistens Zebra
heißen, Ziegen-Berg und Warzenschwein,
Tiere groß und Tiere klein.

Meerschweinchen als Schlangenfutter,
Ziegen für den Streichelzoo, Affen mit dem
roten Po. Ein Stier, ein Rüsselelefant, ein
Kamel aus fernem Land, überall sieht man
Exoten, mit den riesengroßen Pfoten.

Pinguine, Seegetier, alles kann man sehen
hier, mit langem Hals auch die Giraffen, die
auf die Menschenmassen gaffen.

Ich möchte Tiere gerne fragen, ob sie dies
alles gern ertragen. Tiere die in der Natur,
folgen Kilometerspur, stehen hier auf
engstem Raum, nur zum Spaß und nur zum
Schauen, für mich ist dieses alles Graus,
Tierliebe sieht anders aus.

177 Kaiserwetter

Die Pauke und die Trommel wirbelt, und
der Schnauzbart frisch gezwirbelt, und ein
Kind die Schule schwänzt, ums
Militärballett zu sehen, wie Männer da in
Reihe stehen.   Meldung an den Herrn
Major: „Jo wi sind schon alle dor."* Wenn
dann auch noch der Himmel blau, so sagte
mir mein Vetter, nennt man dies hier
Kaiserwetter.

*Plattdeutsch für: Ja, wir sind schon alle da

178
Franzose

Es war einmal ein Jungfranzose, trug eine
bunte Unterhose, blau, weiß, rot, das
Staatssymbol, tat diesem Jungfranzosen
wohl.

179
Feiern

Weihnachtsglocken klingen hell, doch das
Fest ist kaum vorbei, kommt schon Feier
Nummer zwei. Wir feiern alles ohne Frage,
doch feiern wird auch schnell zur Plage.
›Dinner for One‹
Die ganze Welt, lacht darüber wenn es
schellt, den ersten Januar zum Erholen, den
braucht der Mensch von hier bis Polen.

180
Der Schrotthändler

Es war einmal ein altes Schiff, das war halb
abgesoffen, es lag auf einem Felsenriff, die
Bull-Eyes waren offen. Der Mast und auch
der Kompass weg, so lag es auf dem
Meeresdreck.

Da kam ein Mensch mit Handel Schrott, der
machte diesen Dampfer flott, nun fährt er
übern Ozean, wie gut das wir
Schrotthändler ham.

181
Aufgeschwatzte Krankheiten

Man redet dir gern Krankheit ein, hast du
Schmerz im rechten Bein, nimm unsere
Pille Nummer drei, ist dieser Schmerz sehr
schnell vorbei. Ganz gewiss ist auch dein
Blut, alles andere als gut, und wenn deine
Fingerspitzen, stark verfärbt und ständig
schwitzen, ist anzuraten deutlich dir,
unsere Pille Nummer vier.

Die Augenlinse ist leicht trübe, es kommen
auch mal Rheumaschübe, es erlahmt die
Fleischeslust, und du schiebst statt Sex nur
Frust, dagegen gibt es Medizin, sowohl für
sie wie auch für ihn.

Scheidenpilz und schlaffe Haut, ein Gebiss
das nicht mehr kaut, die Nase läuft, das Ohr
ist zu, eine Stimme wie die Kuh, es knacken
deine Hauptgelenke, und du hast eine
Spreizfußsenke, kauf unser Pillensortiment,
dann ist alles eingerenkt.
„Den Rollator, Treppenlift, und eine kleine
Flasche Gift, die liefern wir auch dir zu
Händen, wenn du dein Leben willst
beenden, wir werkeln stets nach gleicher
Masche, wie kommt dein Geld in unsere
Tasche."

182
Der Jamaika Hund

Ein Mensch hat einen neuen Hund, der ist
nicht uni sondern bunt, kein Schäferhund
und keine Dogge, kein Pudel und kein
Spaniel, und ebenfalls kein Boxerhund, mit
einem riesengroßen Schlund. Es ist ein
Mops mit blanken Augen, mit schwarz,
gelb, grünem Hundefell, und
wunderschönem Hundgebell.

Wenn der auf seinem Sofa liegt, und seine
Streicheleinheit kriegt, schnurrt er
zufrieden wie die Katze, und nachts liegt er
auf der Matratze. Der Mann nennt ihn
Jamaikahund, weil der nicht uni sondern
bunt.

183
Turner

Ein Turner auf dem Schwebebalken, kann
nicht die Balance halten, auch von den
Ringen, Pferd und Reck, fliegt er auf Nase in
den Dreck.

Fazit: Üben, üben, üben

184
Spiele

Spielst du UNO oder Schach, geht das ruhig
ohne Krach, spielst du Wasserball bist
Spitze, geht das nur mit viel Gespritze, boxt
du in der freien Zeit, haut man dir die Nase
breit.

185
62 zu 3.600.000.000

Menschlichkeit und Christenheit, vor Macht
des Geldes nicht gefeit, unsere Welt tut mir
sehr wehe, wenn ich diese Zahlen sehe.

Sagen Dir diese Zahlen etwas, kotzt Dich das auch an?

186
Bauer Hein

Es hat ein Bauer namens Hein, eine Kuh
und auch ein Schwein. Das Schwein ist von
der alten Schule, es dreht sich täglich in der
Suhle. Die Kuh ist Lieferant für Milch, frisst
Gras und Heu, ist lieb und zahm, wie
Bauern es so gerne ham. Aus Schwein wird
irgendwann der Schinken, vielleicht auch
Krustenbraten, doch Hein hat Mitleid mit
dem Tier, und ihm dies nicht verraten.

187
Tagesablauf eines Rentners

Aufgestanden, Bratkartoffeln, kaum dass
ich aus den Pantoffeln, Frühstücksei und
Honigbrot, dann die Zeitung, wer ist tot?
Rechtschreibfehler, Zeitungsente, wo war
gestern die Polente, Flüchtlingsdrama,
Treppe putzen, Frühstücksfernsehn an
gemacht, läuft von viertel vor bis acht.

Aldi gehen und Kraftstoffpreise, und ich
buche Urlaubsreise, Politiker hat doch
gelogen, Immunität ist aufgehoben, Brüssel
regelt Gurkenkrümmung, in USA ist
Aufbruchstimmung, 62 haben mehr Geld,
als der halbe Rest der Welt.

Könnte kotzen, schrei vor Wut, nichts ist
auf der Welt mehr gut. Mittagessen,
Tagesschau, der Wetterfrosch ist immer
schlau, erzählt von Frost, von Schnee und
Eis, am nächsten Tag doch ist es heiß,
Regierung kontra AfD, und auch gegen SPD,
bloß nicht immer Argument,
Parteiprogramm das niemand kennt.

Bürgerkrieg und Bombendrohung, überall
ist die Verrohung, Mieterhöhung in der
Post, am Auto knabbert schon der Rost,
muss noch viele Jahre laufen, muss erst
neue Zähne kaufen.

Schneid der Nachbarin die Hecke, stell
Rollator in die Ecke, erst mal kommt jetzt
Mittagsruhe, dann schalt ich die
Fernsehtruhe, zwischendurch ein Pott
Kaffee, allmählich tun die Knochen weh.

Brauch auch noch Rezept für Pille, und
defekt ist meine Brille, und den jungen
Mann von oben, hör ich jeden Abend
toben, beschwer ich mich beim Meister
Haus, das hält doch ein Senior nicht aus.

Danach kommt Entspannung pur, alles so
nach zwanzig Uhr. Da wir gemordet und
betrogen, da wird gemetzelt und gelogen,
und wechsel ich dann das Programm,
kommt ziemlich großer Schwachsinn dann.

Stars die abgehalftert sind, die sich
benehmen wie ein Kind, unappetitlich,
primitiv, dümmlich oder arrogant, überall
in unserem Land.

Ich geh ins Bett mach Augen zu, nur im
Schlaf da hab ich Ruh.

188
Die Scheinheiligen

Regelmäßig beten gehen, Jesus in die
Augen sehen, Flüchtlingen das Geld
abnehmen, so machen Schweizer das und
Dänen.
Barmherzigkeit, ein leeres Wort, schickt sie
doch einfach wieder fort.

189
Kartenspiel

Der Hering und die Haselmaus, die saßen in
dem Garten, es fehlte dazu noch die Laus,
zu einem Spiel mit Karten.
Sie droschen Skat den ganzen Tag, und als
die Sonne war gesunken, hat es gemein
nach Fisch gestunken.

190
Ungleichheit

Es ist so ungleich auf der Welt, das ist es
doch, was nicht gefällt, die eine Hälfte frisst
sich fett, die andre Hälfte ist Skelett,
verhungert abgemagert, krank, der Fette ist
inzwischen rank.

Acht Wochen auf der Beauty Farm, sauber
durchgespülter Darm, von dem was das
gekostet hat, wären mehr als tausend
Kinder satt. Wenn ich mir dies vor Augen
führ, könnte ich schreien wie ein Tier.

191
Man ist wie man isst

Manche essen mit dem Schnabel, so zum
Beispiel tut's der Storch, manche fressen
mit dem Maul, so tut dieses jeder Gaul, und
auch die ziemlich große Kuh, beim Fressen
klappt's Maul auf und zu. Der Mensch kaut
mit geschlossenem Mund, weil sich das so
gehört, tut er dieses einmal nicht, und
Rülpsen wird gehört, hat er den Gastgeber
verstört.

192
Der Dentist

Es ermahnt dich der Dentist: „Wenn du zu
viel Zucker frisst, du kriegst Karies im Maul,
wie ein alter Ackergaul." Ich hatte ohne
Zucker dann, Zähne schön wie Porzellan.

Kein Karies auch sonst kein Schaden, sie
waren schön wie aus dem Laden,
gewackelt, ausgefallen doch, jedoch sehr
heil, ganz ohne Loch.

193
Möpse am Strand

Am Strand da kann man wandern gehen,
und wunderschöne Möpse sehn, jedoch
auch Langbeinige baden, das Wasser steht
bis zu den Waden.
Dunkelhaarig, braune Augen, Zähne die
zum Beißen taugen, jedoch auch solche
kann man sehen, die am liebsten kuscheln
gehen. Gern liegen sie bei Dir im Bett,
lassen sich streicheln und sind nett, sind
dankbar, lecken deine Hand, sowohl im
Haus wie auch am Strand.

Ob Boxer, Dackel, Schäferhund, ob dünner
Körper oder rund, ob Beine kurz oder das
Fell, ob der Hund langsam oder schnell, für
Herr und Hund ein Paradies, das
›Bockholm‹* an der Förde hieß.

194
Strandspaziergang

Mein Hund ist gerne stundenlang, mit mir
am Strand entlang gelaufen, beim
Kneipenwirt, beim Damenklo, bekam er
was zum Saufen.
Da hinten bei dem Seemannsgrab, da
bogen wir dann meistens ab, nach rechts
und dann zum Fährhaus Holnis, wo es im
Sommer meistens voll ist.

Andre Herrchen und auch Hunde, treffen
wir bei Kunigunde, beim schönen Gasthaus
›Holnis Drei‹, ham andere auch den Hund
dabei.
Dort gibt es wunderbares Essen, für
Norddeutsche und auch für Hessen, da
kehren wir immer gerne ein, für Sekt, für
Bier, für Schnaps und Wein.

Hinweis: Holnis ist eine Halbinsel in der Flensburger
Förde, Bockholm ein Dorf, ein Besuch lohnt

195
Mein schlauer Hund

Ich kam nach Haus nach langer Reise, ich
war ziemlich lange fort, mein Hund ist
deutlich klug und weise, das sah ich dann
auch gleich sofort.
Er saß in meinem Fernsehsessel, und
blätterte im Duden, er fragt mich: „Wie
schreibt man Wurst, oder wie schreibst das
du dn."

„Natürlich schreibt man's vorn mit W,
mittig ein paar Staben, und ganz hinten
dann das T, das soll das Wort schon
haben."
Da lacht mein Hund: „Ich hab's gewusst,
ich wollte dich nur testen, wie man Wurst
ganz richtig schreibt, das wissen nur die
Besten."

Ich streichel stolz das schwarze Fell, was für
ein schlaues Tier, das imponiert nicht nur
die Fremden, jedoch auch dir und mir.

196
Buntes

Weiße Hündin liebt schwarzen Hund, da
waren die vielen Welpen bunt, einige
schwarz und andere auch hell, bei Liebe
geht das ganz furchtbar schnell.

197
Vererbung

Hund und Hund, das wird wohl gehen, Katz
und Katz hat man gesehen, nur muss ich an
den Ameisenbär denken, wie muss sich der
bei der Liebe verrenken.

198
Singende Hunde

Beim Konzert in Reihe sieben, hör ich
Doggen singen üben, sie singen langsam
auch mal schnell, wunderschön klingt ihr
Gebell, ein Dackel ist in diesem Chor, der
absolute Startenor.
Dirigent ist Ausländer, er ist ein alter Grizzlybär,
gebürtig aus Alaska

199
Ausruhen

In einem Liegestuhl am Strand, liegt ein
Cocker, trocknet schnell, nach einem Bad
sein Hundefell. Die Sonne wärmt das Haar
der Rute, und auch die nasse
Hundeschnute, er räckelt sich mit großer
Wonne, in der warmen Ostseesonne.
Am Strand von Holnis ist gut leben, für Herr
und Hund, so ist das eben.

200
Softeis für den Hund

An einer Softeisbudenwand, einmal ein
kleines Hündchen stand, es wollte auch die
Tüte Eis, denn im Sommer war es heiß,
wollte dies Eis für seinen Schlund, denn ihm
war der Schlund sehr wund.

Bekam das Eis und eine Wurst, und ein
Bierchen gegen Durst, man sah ihn
schwankend weiter gehen, und hat ihn hier
nie mehr gesehen.

Hinweis: Die Gedichte Nummer 193 bis 200, alle mit
›Hund‹, sind für einen Hundeliebhaber entstanden,
der Hund hieß Jessie

201
Traummenü

Erdbeerschaum, Pudding mit Soße, von
Sahnetorte eine Große, Honigkuchen mit
Konfekt, am Himbeereis wird auch geleckt,
es soll mir niemals schlechter gehen, bis
morgen dann, auf Wiedersehn.

202
Elendes Leben

Im Lotto wieder kaum gewonnen, Gewinn
durch Neueinsatz zerronnen, ich bohr mit
Finger in der Nase, hab Probleme mit der
Blase, Schuppen in dem Haaransatz, immer
wenn ich heftig kratz.

Morgens dann mein Spiegelbild, die
Augenlieder hängen wild, verknittert meine
Wangenhaut, als hätt mich meine Frau
verhaut.

Nach solchen schlimmen, doofen Reimen,
Germanisten meistens weinen, sie
trocknen dann die Tränenflut, nach
Stunden ist es wieder gut.

203
Pietsches Brett

Auf Pietsches Kopf knallt hart ein Brett, da
sind die letzten Haare weg. Für ihn war es
noch nicht zu spät, denn der Kopf ward
zugenäht.
Und dann gab es etwas Jod, damit
Bakterien sicher tot, und auch noch eine
Injektion, gegen Krampf, ihr kennt das
schon. Pietsche sei ein schlauer Schelm,
trag statt Glatze künftig Helm.

204
Verdauung

Als ein Gaul Grashalme kaute, und die
sodann auch gleich verdaute, und
Pferdeäpfel produzierte, und ein Gärtner
sich nicht zierte, sie zunächst mal
aufzufegen, und sie ins Bohnenbeet zu
legen, da wusste ich doch ganz gewiss, dass
Pferdeapfel Dünger ist.

205
Man hat was man hat

Ich hab die Bürste für das Klo, und einen
Lappen für den Po, die Zahnbürste für das
Gebiss, und Schuhcreme für meine Schuhe,
und Nervenpillen für die Ruhe. Ich hab ein
Auto für die Fahrt, und den Rasierer gegen
Bart, hab die Frau für meine Seele und ein
Bier für meine Kehle, nichts fehlt mir auf
dieser Welt, was man kaufen kann für Geld.

206
Verdoofte Menschheit

Vernetzt, vernetzt, das Zauberwort,
schwemmt Hirn und Denken mit sich fort.
Information die niemand braucht,
Computern bis der Schädel raucht, Whats-
App und SMS und mehr, Handy-Terror, Fax-
Geräusche, Googeln auch im Herrenklo, in
allen Ländern ist das so. Die Welt verdooft
ganz rasend schnell, und Albert Einstein
hatte Recht: „Wenn Menschen mit
Maschinen reden, in Arbeitskluft und auch
im Zwirn, verblöden sie in ihrem Hirn." *

*Äußerung von Albert Einstein, gesagt um 1920!!!

207
Pommes Frites

Ein Kleingärtner auf seiner Scholle, legte
Kartoffeln -beste Knolle- schob sie nach
Ernte durch nen Ritz, da hatte er ganz
schnell Pommes-Frites.*

*Stäbchenkartoffeln, meist frittiert

208
Runde Erde

Ich frage mich wie kommt es wohl, dass der
Fuß von unten hohl. Das ist doch klar, denn
wenn beständig, man barfuß auf der Erde
rennt, und die ist eine runde Kugel, zu sehn
im Earth-Programm von Google, passt sich
der Fuß der Erde an, so sind die Füße nicht
mehr platt, wie gut wenn man Einlagen hat.

209
Die Emeritierten Klugscheißer

Da hat ein Mensch jahrzehntelang im
Parlament gesessen, und hat von den
Diäten dann, gewiss nicht schlecht
gegessen. Bewegt hat er kaum jemals was,
war immer angepasst, doch als er dann als
Emeritus, als Gast zu einer Talkshow muss,
da legt er los, weiß alles besser, der dicke
runde Allesfresser.

210
Sommer

Wenn es draußen viel zu heiß, und der
Mensch stinkt dann nach Schweiß, und
viele dann im Garten sitzen, und in der
prallen Sonne schwitzen, dann haben wir
im ganzen Land, bald heftig, roten
Sonnenbrand. Die Haut erst rot, dann blasig
wund, das Ganze ist sehr ungesund.

Im Sommer müsste man Apotheker sein, man könnte
mit Sonnenbrand-Salbe viel Geld verdienen, bei
intelligenter Kundschaft könnte man aber auch als
Sonnenschirm-Produzent reich werden, aber welcher
Kunde ist schon intelligent?, siehe Reim Nummer 256

211
Hitze

Wenn ich in großer Sommerhitze in meiner
Hinternritze schwitze, und gedrückt wird
dann ein Pickel, vom Unterhosen-
Dreieckszwickel, der neuen Billig-
Unterhose, von der das Gummi etwas lose,
dann träume ich von Eis und Schnee, dann
tut mir nicht die Ritze weh.

212
Der Wurm

Es kotzt der Wurm, hat sich verschluckt,
und alles wieder ausgespuckt, verbessert
Boden wie du weißt, weil ein Wurm
andauernd scheißt,* so ist, was
Bodenaufbau nennt, in Wahrheit nur
Wurm-Exkrement.

* Deftige Ausdrucksweise, ist nur dem Reim
geschuldet

213
Verdauung

Es kneift sehr heftig in dem Bauch, es ist
der Darm, der lange Schlauch, der rebelliert
nach fettem Essen, nach kaltem Bier und
Schnaps und Wein.

Will eine Pille für den Magen, und öffne
auch den engen Kragen, muss furzen,
endlich kann die Luft, die nach dem Weg
nach draußen ruft, hinaus in Freiheit in die
Luft, danach bleibt nur ein Lokus-Duft.

214
Blumen in Germanien

Kommst du mal nach Germanien, siehst
überall Geranien, vor jedem Fenster,
Gartentor, ein wunderbarer Blütenflor.
Nicht Palmen, Pinien und Kakteen, kann
man in Germanien sehn, nur diese und
auch Tulpen, Nelken, sieht man in
Germanien welken.

215
Der Kleingärtner

Es sähet ein Mensch auf seiner Scholle,
wunderbare Bete-Knolle, auch Mangold,
Bohnen andres Kraut, das er gern als
Gemüse kaut.
Als alles richtig in der Sonne, zur
allgemeinen Gärtnerwonne, geblüht und
auch ins Kraut geschossen, haben andere
es genossen.
Da kamen Würmer, Schnecken, Hasen, die
fressen alles, außer Rasen, da kamen Rehe
mit den Kindern, was nicht gefressen mit
dem Munde, ging durch die Trockenheit zu
Grunde.

216
Der Poet

Ein Poet bohrt in der Nase, auch recht voll
ist seine Blase, Magen und das Konto leer,
ein Poet der hat es schwer.

217
Großbrand

Es war einmal ein großer Brand, da sind die
Menschen weg gerannt, und machten Platz
für **Feuerwehr**, damit die besser löschen
können, und nicht über die Menschen
rennen. Wer denkt denn an die Tiere-Haus,
die müssen aus dem Feuer raus, der Hund
und auch die kleine Katze, der Vogel aus
Kanarien, Fische aus Aquarien, und auch
die kleine weiße Maus, muss schnellstens
aus dem Feuer raus. Der Hamster und die
Hamsterin sind ebenfalls im Feuer drin, und
Zecken, Obst- und Stubenfliegen, könnten
Rauchvergiftung kriegen.

Da kommt ein Mann, ein Brandschutzheld,
der einen Schlauch mit Wasser hält, der
löscht, und alle hoffen, nun nicht
verbrannt, doch fast ersoffen.

Merke: Jedes Tun, auch das beste, hat sowohl Vorteile
wie auch Nachteile

218
Der Sänger

Auf einer Opernbühne, steht der Held der Kühne, und stimmgewaltig legt er los, singt von der feschen Kunigunde, singt von seines Schlosses Zinnen, ein jeder Ton will ihm gelingen, und von den Rängen eins bis vier, tönt es: „Tenor wir danken dir."

Applaus ist des Sängers Nahrung, er ist gerührt, dankt dem Parkett, auch die Kollegen sind sehr nett, und die Frau von der Garderobe, bringt dem Sänger seine Robe, und stolz geht er durchs Publikum, nickt links und rechts und rundherum.

Zu Hause dann bei seiner Frau, ist wieder alles grau in grau, er sitzt in seinem Fernsehsessel, Helene Fischer, Günter Jauch, er ist ein Mensch, wie andere auch.

Man sollte Prominente Stars nicht unbedingt beneiden, es ist nicht alles Gold was glänzt

219
Zahn der Zeit

Oben links der dritte Zahn, hatte es jemand
angetan, es zwickt sobald er damit beißt,
bis ihn der Schmerz beinah zerreißt.

Es meldet sich, ob kalt ob warm, bei jeder
Speise dieser Zahn, der Esser meidet harte
Kost, nur Suppe und vielleicht Püree, sonst
tut ihm dieser Beißer weh.

Wie ihr alle sicher wisst, wenn er weiter
kaum was isst, magert er rapide ab, und
irgendwann liegt er im Grab, vermodert
dort zu Erde, Franzosen sagen: „Merde."

Im Schädelknochen kann man sehn, Zahn
Nummer zwei von ehemals zehn, der hat
ein Loch von Karies, das muss den Mensch
vor tausend Jahren, ganz schön
geschmerzt, gequält auch haben.

Früher gab es wie ihr wisst, weder Arzt
noch den Dentist, vor hundert Jahren und
noch fröher,* ging Zähneziehen nur beim
Frisör.

* nur wegen dem Reim
Da geh ich heute nur zum Ondulieren hin, und du,
färbst du schon oder trägst du noch Natur?

220
Rutschpartie

Winter kommt mit Schnee und Eis, nichts
ist mehr grau, nur alles weiß, mit Eis und
auch mit Schnee aus Flocken, von nun an
braucht man Thermosocken.

An vielen Stellen ist es glatt, wenn niemand
Sand gestreuet hat, und stürzt man auf
dem glatten Eis, bricht mancher Mensch
sich dort den Steiß.

Den kann man nicht mal gipsen, wie soll
man denn dann sitzen, nur stehen meistens
ein paar Wochen, das geht doch mächtig
auf die Knochen.

Drum Mensch zieh ganz schnell nach
Hawaii, dann bist du einfach schlau, da
kennen sie den Winter nur, aus Kino und
TV.

221
Antiwerbung

Es wirbt ein altes Ess-Lokal, mit Bier das
eigentlich schon schal, mit Bratkartoffeln
die zu fett, mit Portionen die zu klein, und
sauer ist der weiße Wein. So wirbt das
Gasthaus in der Stadt, das nicht genügend
Gäste hat. Da denkt man doch, ihr werdet
sehn, die Kneipe vor die Hunde gehen.
Natürlich geht es anders rum, denn unsere
Menschen sind recht dumm, sie kommen
um sich um zu schauen, und fette
Bratkartoffeln kauen. Jedoch ist alles
exquisit, wie man's an reichlich Trinkgeld
sieht, es schmeckt dem Gast, der Witz ging
auf, der Wirt ist wieder oben drauf.

222
Klopapier

Klopapier der edlen Sorte hat am Rand die
goldene Borte, das ist nicht für die breite
Masse, nur für die erste Garnitur, für
Fürsten und den Präsident, die anderen
nehmen bortenlos, so ist das wohl in
unseren Klos.

223
Das Alter

Ich merke meine Lebensjahre, nicht mehr
lange bis zur Bahre, die Finger krumm, der
Nacken auch, das Ding ist auch nur noch
ein Schlauch, die letzten Zähne sind recht
lose, ein Tropfen in der Unterhose, die
Haut sehr faltig und nicht stramm, und
Ohrgeräusch macht laut Tam-Tam, so trifft
es alle, irgendwann.

224
Das Klo

Wenn du mal musst und weißt nicht wo,
ein Kilometer bis zum Klo, wenn die Blase
ziemlich drückt, und davon wirst du fast
verrückt, wenn nirgendwo ein stilles
Örtchen, mit einem Herzchen in dem
Pförtchen, ein Stoßgebet zum lieben Gott:
„Erbarm dich Herr, zeig mir nen Pott."

Und nach der nächsten Straßenkehre steht
da im Sommersonnenschein, ein Dixi-Klo,
zart-blau und rein.

Du schickst ein Stoßgebet zum Himmel:
„Lieber Gott ich danke dir," und du lobst
ihn für und für.

So sind es nicht die großen Sachen, die
einen Mensch zum Christen machen, ein
kleines Klohaus von ganz oben, das reicht,
um einen Gott zu loben.

225
Gräten

Fische esse ich furchtbar gern, wenn da nur
nicht die Gräten wären. Egal ob denn
gekocht, gebraten, und von welchen
Fischearten, es tarnen sich die
Pikseknochen, ob nun vom Aal oder vom
Rochen. Manche haben nur die Eine, und
an den Rändern sind fast keine. Bei vielen
Meerestieren aber, auch bei Fisch aus Fluss
und Seen, kann man spitze Gräten sehn. Ich
esse lieber Mops gerollt, vielleicht auch
Hering aus der Dose, mit weißem Brot und
Aprikose, dem Gourmet ist alles recht,
damit ihn nicht die Gräte sticht.

Alles recht, Gräte stecht, nicht sonderlich lustig, oder?

226
Regen

Stehst du in einem Regenwetter, wären
große Regenschirme netter.

227
Meine Zeitgenossen

Im Jahr zweitausendsiebenzehn, will ich
mal auf die Menschen sehn, die mich
umgeben jeden Tag, auch wenn ich dies
nicht immer mag. Ich bin mit Sicherheit
nicht schlau, Normalbürger mit Kind und
Frau, mit Ängsten und mit andren Sorgen,
doch denk ich oft, was wird nur morgen?

Ich sehe mich um auf dieser Welt, so Vieles
was mir nicht gefällt. Geizhälse und
Egoisten, bei Rechten und bei
Kommunisten. Es zählt nur noch der
Ellenbogen, es wird gemordet und gelogen,
gehst du mit Macht dagegen an, bist du
vielleicht ein toter Mann. Weil alles dieses
nicht gefällt, gehst du viel leichter von der
Welt, als wäre sie ein Paradies, wie es bei
Adam und bei Eva hieß.

228
Blinde Schleiche

Es war einmal die Schleiche blind, bekam von einem Frosch ein Kind, da war ihr mit einmal klar, dass der Frosch kein Prinzchen war.

Das hat sie ja nicht sehen können, denn sie war als Schleiche blind, und so bekam sie dann das Kind, und dachte noch das nächste Leben, möchte ich als Sehschleiche erleben.

Motto: „Küss mich Blindschleiche, ich bin ein verzauberter Prinz"

229
Schleckereien

„Gib mir mal ein Himbeereis, denn da draußen ist es heiß, oder etwas mit Melone, gerne auch was mit Zitrone, ich gehe sonst gleich in den Wald, da ist es durch den Schatten kalt."

230
Wald

Es latscht durch einen dunklen Wald,
der Förster der schon ziemlich alt.
Er sieht das Moos, er sieht die Bäume,
richtig schöne Försterträume, gerade
gewachsen mit viel Holz, und darauf ist der
Förster stolz.

Sein Hund der Kaiser Wilhelm heißt,
gelegentlich Karnickel beißt, ist nur
schwarz-weiß, nicht weiter bunt, ein ganz
normaler Försterhund. Mit dem geht er
durch Flur und Wald, und ist am
Försterhaus recht bald.

Seine Frau hat gut gekocht, was Förster
immer gern gemocht.

Drinnen ist es gut geheizt,
weil er nicht mit dem Brennstoff geizt,
und dann schnappt Hund den
Schweineknochen, der übrig ist von diesem
Kochen, der Förster schnappt die Flasche
Bier, es geht ihm gut wie dir und mir.

231
Quax der Bruchpilot

Es war einmal ein Flugpilot, der lebt nicht
mehr, schon lange tot. Der flog mit seiner
Flugmaschine, so akkurat wie auf der
Schiene, wie auf der Autobahn beinah, kam
oft der Erde ziemlich nah.
Wenn er in die Pedale trat, und dann die
Ruder durch den Draht, der über Rollen,
Hebel, Achsen, fest mit dem Fluggerät
verwachsen, den Aeroplan in Kurven
zwang, beim Zusehen wurde Menschen
bang. Dann landet er erneut auf Erden,
inmitten zweier Rinderherden, spritzt auf
Propeller Rinderkot: „Ich bin doch Quax,
der Bruchpilot."*

*Quax der Bruchpilot, Spielfilm von 1941 mit Heinz
Rühmann

232

Unmögliches

Es rollt ein Schiff auf einer Schiene, die man
gewiss nicht sehen kann, es schwimmt ein
Fisch wie eine Biene, holt Honig aus einer
Rosine, ein Auto fliegt durch Wolke sieben,
auf Autobahn kommt *Mein Schiff 2*, da
mich dies alles sehr entzückt, bin ich
vermutlich sehr verrückt.

Ein Tischler schweißt ein Brett zusammen,
Weihnachten am ersten Mai, ihr guckt so
blöd, was ist dabei?
Liebe Menschen überall, niemals mehr
Kanonenknall, Egoisten ausgestorben, nie
mehr Angst, was wird nur morgen. Alles
was hier steht ganz oben, ist natürlich nur
gelogen. Alles dies ist Träumerei, keine
Missgunst und kein Neid, wenn das einst
käm, wären wir schon weit.

233
Der Auerhahn

Es war einmal ein Auerhahn, der fuhr mit
einer Eisenbahn, zu einer Auerfrau zum
schlafen, sie wohnte wohl in Bremerhaven.
Er hat sie dort nicht angetroffen, da hat er
sich vor Gram besoffen, der lange Weg vom
Harz nach hier, er brauchte daher schnell
ein Bier. Als er dann später breit und blau,
kam unverhofft die Auerfrau, sie hatte nur,
das war gelogen, einen Termin beim
Urologen. Schnappt ihn an seinem
Federkleid, schleift ihn ins Bett, das war
nicht weit, so warn sie endlich dann
vereint, vor Glück geküsst und auch
geweint.

234
Urlaub

Ich fahre in ein fernes Land, mit
wunderbarem Badestrand, da hole ich mir
Sonnenbrand, ging sicher auch hier in
Nordstrand.

235
Hühner

Man kann sie kochen oder rösten, so
munden sie mir meist am bösten,* man
kann sie Eier legen lassen, wenn sie von
weiblichem Geschlecht, ein Hahn der kann
das nur sehr schlecht. Jedoch kann er als
goldener Hahn, auf Kirchturmspitze -
Wetterhahn, uns zeigen wo der Wind her
weht, doch zeigt er uns dies meist zu spät.
Wenn es erst stürmt mit großer Macht, der
Baum schon auf die Erde kracht, ist es für
Warnung viel zu spät, selbst wenn der
Wetterhahn dann kräht. Wird also ein
Wetterhahn, oben auf das Dach getan,
macht dies nur Sinn wenn dieses Tier uns
sagt zunächst, wie stark's aus welcher
Richtung bläst.

*bösten reimt sich mit rösten, daher

236
Puppe füttern

Ich füttere meine Spielzeugpuppe mit
hausgemachter Erbsensuppe, mit Braten,
Sauerkraut und Wurst, und auch mit
Schnaps gegen den Durst.

Wer mir diese Zeilen glaubt, ist im Kopf
wohl sehr verstaubt.

237
Festessen mit Folgen

Zu Weihnachten ein Vogeltier, dazu ein
Wein und auch ein Bier, ein Gläschen
Schnaps hilft der Verdauung, und ein Gebet
ist für Erbauung, für Schmerz im Kopf hilft
eine Pille, ganz langsam baut sich ab
Promille, im neuen Jahr bist wieder klar,
kannst wieder saufen, hipp-hurra.

238
Im Restaurant

Fällt dir auf deine Anzughose, in einem
vornehmen Lokal, ein Fleischklops drauf
mit fetter Soße, so fett beinah wie
Räucheraal, warte bis der Kellner kommt,
weil er Dessert servieren will, stoß ihn bis
er ins Straucheln kommt, denn dann
entschuldigt er sich prompt.

„Mein Herr ich bin doch sehr schockiert,
dass dieses hier im Haus passiert, ich lade
Sie sehr gerne ein, zu einer guten Flasche
Wein."

Es hat geklappt. Willst du Gleiches mal
versuchen, es geht auch gut mit
Sahnekuchen.

239
Sturm und Regen

Es stürmt der Wind in alten Bäumen, die
hier so manche Straße säumen, manchmal
brechen Äste ab, verfehlen Fußgänger nur
knapp.

Gefährlich wird's wenn Baum entwurzelt,
und auf viele Menschen purzelt. Manche
stürzen auch auf Dächer, machen darin
große Lächer,* besonders lustig ist das
nicht, weil ein Dach dann nicht mehr dicht,
wenn Minusgrade auch noch toben, treibt
das die Heizkosten nach oben.

Es kommt die Dach-Reparatur, so
irgendwann nach vierzehn Uhr, sie dichten
was zu dichten geht, auch wenn der Wind
noch kräftig weht, sie machen zu und
schotten ab, wo Baum das Loch gerissen
hat.

*Alternativ auf Döcher, machen darin große Löcher,
das ist wohl gehupft wie gesprungen

240
Wiedergeburt

Wenn ich nochmal geboren wärt,* wär ich
am liebsten wohl ein Pferd, am liebsten
wäre ich ein Schimmel, mit einem großen
langen Schwanz, reimt sich nicht sehr,
irgendwas wär da mit Pimmel, damit wär
dieser Reim dann ganz.
*Naja, ging nicht anders

178

241
Hochprozentiges

Sauf ich mal was mit viel Prozent, was
reichlich in der Kehle brennt, entfernt sich
meine Mandel schon, ganz ohne Hals-
Operation.
Wenn Krankenkassen Schnaps
ausschenken, von der richtig scharfen Art,
dann haben sie, man kann sich's denken,
am Jahresende viel gespart.

242
Ein dankbarer Kapitän

Es war ein Dampferkapitän, konnte nicht
auf seinen Füßen stehen, er war betrunken,
also blau, traut sich nicht mehr zu seiner
Frau.

Da waren die Matrosen nett, und brachten
ihn nach Haus zum Bett. Als er wieder
nüchtern, da dankte er stumm, und
schenkte jedem von ihnen eine Flasche mit
Rum.

243
Tagtraum

Gehst mal im Dorfe Kleinwurzbyfeld, durch
ein verschneites Bananenfeld, wächst dort
Ananas gut zwischen Rosenkohl, und
hängen Kartoffeln ganz oben im Baum, und
der Spargel ist im Fischteich zu schauen,
und ein Eisbär in deinem Kühlschrank sitzt,
weil er sonst in der Hitze des Sommers sehr
schwitzt, dann war dies wohl ein seltsamer
Tach,*sauf eine Kanne Kaffee, dann wirst
du bald wach.

*Oder, seltsamer Tag, dann wirst du schon wag, hört
sich auch nicht besser an

244
Reisemöglichkeiten

Ich wollte mal verreisen, per Zug auf
Schnellzug-Gleisen. Nimm lieber einen
Aeroplan, und fahr zum Flugplatz mit der
Bahn. Doch wenn ich reise nun per Pferd,
ist das auch sicher nicht verkehrt. Doch
werde mein Gepäck nicht los, hab einen
kleinen Sattel bloß, entschloss ich mich aus
diesem Grund, zu einer Fahrt mit
Schlittenhund.

Doch auch ist dies nicht optimal,
Schlittenfahrt seit eh und je, geht besser
doch auf weißem Schnee.

Und als ich gerade Softeis lutsche, denk ich
an eine Pferdekutsche, damit reiste
ehedem, ein großer Dichter sehr bequem,
er kam bis nach Italien, mit Nudeln als
Fressalien.

Mit Fahrrad denk ich, Mensch das geht,
wenn der Wind von hinten weht, käme er
direkt von vorn, erregte dieses meinen
Zorn.

Ich denke auch an Autobahn, kannst darauf
mit Auto fahren, ich scheue aber diese
Maut, wo man mir mein Kleingeld klaut.

So bleibt ein Schiff, ich schiff mich ein, auf
einem Dampfer groß und fein, ich hatte
aber beinah Panik, denn das Schiff das hieß
TITANIC.

245
Silvester

Silvester fällt auf Ultimo, das war wohl
schon immer so, doch um dieses so zu
nennen, muss man den Kalender kennen.

Nämlich nur der Ultimo, fällt auf Monat
eins und zwo, also auf den zwölften Monat,
wo häufig Frost und Schnee und Eis, und
draußen ist es dann ganz weiß, nur am
Ende des Dezember dürfen die Raketen
knallen, und die lauten Rufe schallen:
„Prosit Neujahr, und viel Glück," schallt es
vielfältig zurück.

In jedem Jahr der gleiche Quatsch, zündest
Böller und Raketen, säufst Wein und Sekt,
und frisst Berliner, und zwischendurch die
langen Wiener, wünscht der Frau Glück die
niemand kennt, nur weil die auf der Straße
rennt.

Sei doch mal nett das ganze Jahr, und nicht
nur immer an Silvester, wenn demnächst
das alte Jahr, mit Prost schon fast zu Ende
war.

246
Leidende Erde

Es ist Manchem sehr erkenntlich, dass das
Leben nicht unendlich, irgendwann ist
damit Schluss, nicht weil es sein kann,
sondern muss. Wenn jeder Mensch der je
geboren stets auf der Welt geblieben wär,
wär's für die Erde viel zu schwer.

Nicht das Gewicht hätt sie erdrückt,
sondern die Masse, die verrückt, wo schon
ein Einzelerdenbürger mehr zerstört als er
erhält, vernichtet er ein Teil der Welt.

Egoismus, Neid und Gier, will nicht drei
Häuser sondern vier, bin nicht mit Million
zufrieden, sollen schon sechs sein oder
sieben, wer nur voll Gier nach Reichtum
strebt, die Welt schnell aus den Angeln
hebt.

247
Genug

Es ist genug, kann bald nicht mehr, die
Kugelschreibermine leer, siehst du Leute
weinend sitzen, sind das gewiss die
Germanisten.

248
Ersatzteile

Brille, Hörgerät, Gebiss, für viele
unentbehrlich ist, Ersatzteile in Hüfte, Knie,
und auch noch Einlagen in Schuh, das hab
ich alles, was hast du?

249
Stapellauf

Ein Schiff das läuft vom Stapel bald, wenn
dreimal ein Hurra erschallt, wenn andre
Dampfer kräftig tuten, rutscht der Neue in
die Fluten.

250
Verkehrsmittel

Ein Luftverkehrsrohr aus Metall, fliegt auf
der Welt fast überall, beinahe so schnell
schon wie der Schall. Man kann auch mit
dem Omnibus, reisen wenn man reisen
muss, sodann kann man auch mit der Bahn,
gelegentlich in Urlaub fahren.

Man kann auch wandern gut zu Fuß, wenn
man mal verreisen muss, jedoch ist der
Bewegung Krone, die mit dem Fahrrad,
Motor ohne. Kein Lärm, Gestank und
Umweltgift, keine Maut auf Autobahn, nur
gerne musst du Velo fahren.

251
Zwerge

Auf einem schneebedeckten Berg, wohnt
ein rot bemützter Zwerg. Sein Haus so klein
wie Hundehütte, dort oben wohnt der
Zwerg, der Lütte.

Der Zwerg, wir nennen ihn mal Krause, ist
in dem kleinen Haus zu Hause, die Zwergin
die zu ihm gehört, ist auch sehr klein was
ihn nicht stört.

Gelegentlich kommt auch Besuch, das ist
Schneewittchen mit den Zwergen, sie
wohnt auch hinter diesen Bergen, sie kennt
Krause recht genau, ihn und seine kleine
Frau.

Gemeinsam gehen sie zu Tisch, nur gibt es
dort meistens nicht Fisch, sondern für jede
Zipfelmütze, eine Schale Hafergrütze.

Wenn dann das Mahl ganz schnell vorbei,
wählt Krause viermal die drei, ein Taxi
kommt, holt alle ab, mit Zipfelmützen, Sack
und Pack.

Steigst du auf einen hohen Berg, und triffst
dort oben einen Zwerg, der Krause heißt
und nicht Hans Meier, Taxiruf, viermal der
Dreier.

252
Emil Nolde

Im Jahr achtzehn sechs und sieben, Hans
Emil Hansen den wir lieben, geboren wurde
im Dorfe Nolde, den Namen nahm er
später an, und malte Bilder dann und
wann.

Sie sind sehr bunt und farbenfroh, mit
Farbe dick auf Leinewand, weil Emil dies so
richtig fand, und hängen heute in Museen,
da sollten alle mal hin gehen.

Doch Emil liebt auch Pflanzen sehr, nicht
die zum baldigen Verzehr, also nicht
Fressalien, sondern eher die Dahlien, kann
sie in Emils Garten sehn, hat sie gemalt
besonders schön.

Hinweis: Das Nolde-Museum in Seebüll in
Nordfriesland verfügt über einen großen Bestand an
Gemälden, hier hat der Künstler bis zu seinem Tode
gelebt und gearbeitet. Neben dem Dahlien-Garten ist
auch Noldes Grab auf dem Gelände erhalten

253
Storch

Es wollte ein Storch, und dass recht bald,
ins ferne Afrika, denn hier oben war es kalt,
gefiel nicht Meister Adebar. So machte er
sich denn auf Reisen, folgte einfach den
Bahngleisen, fürs NAVI spart er so den
Strom, sah auch den Äquator schon. Fährt
seine langen Beine aus, landet auf
einem Freudenhaus, da war die lange Reise
aus.

254
Nacht

Es war einmal die dunkle Nacht, man sah
die Straße kaum, da bin ich ziemlich schnell
gekracht, an einen dicken Baum. Das war
mit dem Veloziped, nun lieg ich hier sehr
krank im Bett, kuriere in dem Krankenhaus
die diversen Brüche aus.
Fahr nie mehr schnell in dunkler Nacht,
damit es nicht am Baume kracht, beim
nächsten Mal, ich Idiot, bin ich vielleicht
sonst ziemlich tot.

255
Stolze Tiere

Es traf einmal ein Huhn ein Schwein, dann
kam auch noch ein Pferd, ne Ente, und ein
Hund von der Polente:
„Ich," sprach der Hund: „Bin Polizei, bin bei
Ganovenjagd dabei." Das hört das Pferd
und wiehert laut: „Hat man euch den
Verstand geklaut, ich bin wichtig, bin ein
Traber, was soll also das Gelaber?"
Da kommt geschwind das Schwein gerannt:
„Ich bin Schinkenlieferant, also wichtiger
als ihr," das hört verblüfft das Ententier:
„Ich bin eine Peking Ente, wichtiger als
Hund Polente, wichtiger als
Schinkenschwein, und was ist denn schon
ein Gaul, hat doch nur ein großes Maul."
Das Huhn, bisher nur zugehört, ist im
Gefieder sehr verstört:
„Ich lege Eier die zum braten, zum kochen
oder backen taugen, und bei einer
Protestaktion kann man auch mit Eiern
schmeißen, sowohl mit braunen wie mit
weißen." Als alles dieses war gehört, waren
die Tiere doch verstört, und sie erkannten
neidlos an, am wichtigsten sind Huhn und
Hahn.

256
Die Welt der Werbung

Mit Kleidung, Outfit gern genannt, laufen
wir durchs ganze Land, wir tragen Schuhe
Marke X, wer die nicht hat der ist doch nix,
es zählt die Äußerlichkeit nur, vom Anzug,
Hut bis zu der Uhr.

Man trägt Reklame auf dem Hemd, ein
Krokodil, die schwarze Rose, sitzt irgendwo
auf deiner Hose, und auf dem Rücken
deiner Bluse steht hergestellt von Waltraut
Suse.

Die Winterjacke mit den Fransen, ist
hergestellt von Jacob Hansen, die blau
gestreifte die ich hatte, das war bestimmt
die Morgan Jacke, und die Jacke von dem
Mädel, trägt bestimmt ein Luxus Label.

T-Shirts gibt's nur mit Reklame, mit
blöden Sprüchen reich verziert, mit
Wappen und Symbol bestickt, ich glaube
wir sind recht verrückt.

Wir laufen kostenfrei und gern, Reklame
für die Kaufhausherrn, wir bekommen
nichts dafür, blöder Kunde, danke dir.

So denken viele Produzenten, denen wir
die Werbung schenken, wir sind doch alle
viel zu dumm, laufen ständig mit Reklame
rum. Ein anderes Ding ist ganz gewiss, die
Hose mit nem langen Riss.

Ne heile Hose hat doch jeder, wer was
Tolles haben will, der sucht nach Rissen
möglichst viel. Das ist dann, wenn es
angelumpt, möglichst geflickt auch ziemlich
plump, die ganz moderne Haute Couture,
oh Werbemensch wir danken dir.

Der Händler klebt der Limousine, genauso
wie der Apfelsine, sein Label als Reklame
drauf, ›Chicita‹ steht auf der Banane und
›Unser Norden‹ auf der Sahne, geduldig
nehmen wir es mit, modernes Label, unser
Glück.

Und die Moral von der Geschicht, glaube keiner
Werbung nicht

257
Kohl ist gesund

Ich esse übel oder wohl, auch ganz gerne
vom dem Kohl, dem grünen und dem
weißen, erstens ist der sehr gesund, und
dann hilft er beim *singen*.

Der Rosenkohl in der Kombüse, der zählt
zum edleren Gemüse, der Spitzkohl mit der
Schweinebacke macht besonders weiche
Haut.

Kohlrabi ist kein Kohlgewächs, er heißt nur
so der Rabi, wenn man ihn lange kocht mit
Kümmel, hat man danach den längsten
Genuss.

Und hobelst du den weißen Kohl in lange
weiße Streifen, und mischt das Ganze dann
mit Salz und lässt es lange reifen, dann hast
du nach dem Hochgenuss noch lange einen
guten Eindruck vom Gemüse.

Wer die kursiven Endungen eigenmächtig ändert ist
auch in der Lage, selbst ganze Verse zu schmieden, nur
zu

258
Der Mops

Ein Mensch nennt einen Mops sein Eigen,
den will er überall gern zeigen, den Mops
führt er an einer Leine, manche Haustiere
ham gar keine.

Über mir im gleichen Haus, führt jemand
einen Hering aus, der völlig ohne
Halsgeschirr, zieht ihn beim Ausgang
hinterher.

Und der alte Herr von unten, zieht bei
jedem Gassi gehen, eine Zahnbürste am
Band, ich habe dieses selbst gesehen, er
stand damit am Straßenrand.

Von einer grünen Volkspartei, hält jemand
Hühner Stücker drei, auf dem Balkon in
einem Kasten, auf dem auch einmal Vögel
rasten.

Der hat für seine drei Geflügel, nicht Seil
nicht Halsband und nicht Bügel, die laufen
ihm so hinterher, als wenn dies das
Normalste wär.

259
Gefunden

In Hamburgs Vorort Blankenese fand ich
am Elbufer im Sand, eine Münze die noch
blank. Ich wendete sie hin und her, ob sie
vielleicht vom Klerus wär, denn auch der
Vatikan in Rom, prägt Münzen, und ich
kenn das schon.

Ich eile schnell ins Fundbüro, und mach den
Fundverwalter froh, wie gefunden, wann
und wo, alles hab ich ihm erzählt, denn ich
habe großes Glück, denn was da aus der
Münze blickt, das ist der fromme Benedikt,
ein deutscher Papst, ich kenn das schon, ist
eine echte Sensation. Ich hab den Fund
nicht unterschlagen, so etwas würde ich nie
wagen, bin wahrscheinlich ziemlich fromm,
damit ich in den Himmel komm.

260
Der Hamster
Der Hamster läuft im Hamsterrad, da
werden seine Beine matt, kommt
überhaupt nicht recht voran, bleibt stets
am selben Ort, mancher nennt das
Hamstersport, mancher nennt das Mord.

261
Die Traumfrau

Ich kannte eine hübsche Frau, die Lippen
rot, die Haare grau, mit Beinen die zum
Himmel ragen, ein schöner Hals schaut aus
dem Kragen, die Zähne weiß wie Elfenbein,
doch irgendwo muss Makel sein.

Der schöne Körper tätoviert, gepiercte
Nase, Augenlid, damit dies auch ein jeder
sieht, ich könnte kotzen, tätoviert, und
auch noch überall rasiert, nichts mehr
normal, nichts mehr Natur, ach wie wäre es
so schön, hätt ich sie doch nie nackt
gesehen.

262
Mensch und Tier

Tier und Tier geht wunderbar, meist voller
Harmonie, auch Mensch und Tier das rat
ich Dir, kann Freundschaft sein und wie.
Nur nehme Dich sehr gut in acht, wenn
Mensch auf Mensch zusammen kracht, der
nächste Krieg ist dann nicht ferne, so sicher
wie das Licht der Sterne.

263
Der Jogger

Im Stadtpark lief ein Jogger, er lief noch
immer locker, obschon erst fünfte Runde
war, der Schweiß benetzt schon Brust und
Haar, es keucht die Lunge, schmerzt das
Knie und die Gelenke tun ihm weh, und
eine Blase an dem Zeh. Nie mehr will er
solch Strecken laufen, so denkt er und er
muss verschnaufen.
Wenn Gott gewollt, Gelenk nicht kracht,
hätt er statt Fuß uns Rad gemacht.

264
Ein schwacher Bankräuber

Es war einmal ein Bankräuber, den drückt
geraubte Bank so sehr, er raubte sie aus
einem Park, er war natürlich ziemlich stark,
jedoch war auch die Bank nicht leicht, sie
wog so gute hundert Pfund, davon waren
ihm die Hände wund. Es schwor der Räuber
nach zwei Tagen, ich will nie mehr was
Schweres tragen, das nächste Mal da Raub
ich Geld, das will ich Euch nur sagen,
das ist nur halb so schwer zu tragen.

265
Blick aus einem Flugzeug

Vom Flugzeug kann man deutlich sehen,
Berge, Täler und auch Seen, die Flüsse
winden sich sehr blau, wie Krampfadern bei
einer Frau. Nur wenn du Pech, die Wolken
tief, durchzogen von dem Menschenmief,
fehlt dir der Blick nach Rom, Paris, nach
Hamburg auf die Reeperbahn und auf die
Deutsche Bundesbahn.
Du schaust nur noch auf Wolkenberge,
siehst nicht einmal die Gartenzwerge der
Schrebergartenkolonien, Kirchtürme nicht
in Köln und Wien, der ganze Quatsch geht
Dich nichts an, wie gut das wir die Wolken
ham.

266
Advokaten

Auf einer Bank in ihrem Garten, ruhn zwei
müde Advokaten. Sie sitzen täglich im
Gericht, verteidigen den Bösewicht,
dennoch ist ihnen ziemlich klar, dass er
gewiss der Räuber war, der einer Oma die
schon alt, raubte Geld mit viel Gewalt.

267
Medikamente

Ich muss wieder Pillen schlucken, weil mir
die Ohren ziemlich jucken, auch für den
Magen ein Dragee, sonst tun mir die
Gedärme weh, und noch Salbe für Gelenk,
das war gestern ausgerenkt, als ich auf
meinem Trimmfahrrad, etwas für die
Gesundheit tat.

Hast du trotz allem noch ein Weh, dann
hilft meist nur noch ne OP.

268
Bewegung ist gesund

Beim Wasserskilauf fast ertrunken, beim
Dampflokfahren fast erstunken, beim
Feuerschlucken fast verbrannt, und
umgeknickt als ich gerannt, und auch fiel
ich beim Sprung vom Reck, mit meiner
Nase in den Dreck.

Bewegung ist wohl nichts für mich, ich
denke eher doch für dich.

269
Alles was wir mögen

Halloween und Valentin, Geburtstage und
Weihnachten, Ostergrüße, Namenstag,
alles Dinge die ich mag. Black Friday auch
und Deutsche Einheit, Erntedank und Bier
mit Reinheit, Gründlichkeit und Sauberkeit,
Ehre, Treue, Feuerwerk, doch irgendwas ist
hier verkehrt. Immer alles zum Vergnügen,
immer alles voller Lügen, die Menschen
nicht den Hals voll kriegen, Hummer, Gold
und Räucheraal, woher das kommt ist mir
egal, die Hauptsache mir geht es gut, mit
Armen hab ich nichts am Hut

270
Die Koalitionsschraube

Bekam von meinem Kindeskinde,
ne Schraube mit nem Linksgewinde,
sie war von männlichem Geschlecht,
das war nicht gut, sondern eher schlecht.
Dazu gehörte eine Mutter, die hatte einen
rechten Drall. Weil links und rechts sich
nicht verstehen, konnte ich sie nicht
zusammen drehen.
Die Lösung war, man ahnt es schon, ne links-rechts
Koa- li- sation, siehe auch Nummer 276

198

271
Das Wetter

Es regnet, draußen ist es kaum kalt,
demnach ist Weihnachten schon recht
bald, jedoch ich ziemlich sicher weiß,
erneut wie schon früher, ohne Schnee,
ohne Eis.

White Christmas, leise rieselt der Schnee, in
Gedanken tut mir die Erinnerung weh.

272
Toter Schotte

Es modert in der Friedhofsgrotte, ein toter
adeliger Schotte, er aß so gerne Brot mit
Wurst, und trank den Whisky gegen Durst.
Im Himmel trinkt er so man weiß, guten
Scotch mit wenig Eis.
Weil er davon oft beschwipst, speist er
später Fish and Chips.

273
Suchen

Ich brauchte eine Schraube, fünf dick, zehn
Zentimeter lang, sowas verwahr ich in dem
Schrank, der mal in Ernas Küche stand,
bevor ihr Leben ausgehaucht, sie hatte
aber stark geraucht.

So erbte ich den Küchenschrank, in dem es
noch nach Mettwurst stank, von meiner
alten Tante Erna, der Witwe von dem Onkel
Werner, der vor ihr schon verblichen war,
vor einem guten halben Jahr.

Der Schrank steht in dem Werkstattkeller,
ich finde heute alles schneller, ich suche
wie ich schon gesagt, ne Schraube fünf mal
hundert, jedoch was mich doch ziemlich
wundert, ich finde nix was richtig passt,
egal wohin die Hand auch fasst.

Mal Kreuzschlitz doch ich will Sechskant,
um fest zu schrauben an der Wand, doch
endlich habe ich's gefunden, jedoch im
Schrank die Hand zerschunden.

274
Der Holzwurm

Ein Holzwurm wandert durch die Welt, will
nicht in alten Möbeln bohren, ist auf dem
Weg zu den Azoren, denn wer sich einseitig
ernährt, macht nur mit Eiche viel verkehrt.
Er will nun zu den Palmenhainen, mit einer
Würmin sich vereinen, und Kinder machen
möglichst viele, die bohren dann in
Palmenstühle.

275
Plattfuß

Mit Plattfuß meint der Mensch den Platten,
den wir schon mal am Fahrrad hatten,
es geht nicht um den platten Fuß,
mit dem man gehen, laufen muss.
Die Luft entfernt sich aus dem Schlauch,
man sieht es schnell, man hört es auch,
es zischt wie eine Ringelnatter, und der
Reifen wird schnell platter. Ein Flicken her
und ziemlich schnell, ich wollte doch noch
zum Bordell, zu der Maus von Zimmer drei,
so gehen Träume schnell vorbei, bei mir
und auch in Zimmer drei.

276
Die Koali-sa-tion

Es sprach die Wurst zur Frikadelle: „Ich habe eine schöne Pelle, du hast nichts außer deinem Hack, du bist Nudist und daher nackt."

Da sprach die Frikadelle: „Ich bäune nahtlos in der Pfanne, bei dir wird nur die Pelle braun." Der eine rot gebrannt, der andere schwarz verbrannt, jedoch in gleicher Pfanne schon, ich riech den Braten, sehe das schon, das ist ne Koa-li-sation*

*Koa-li-sation reimt sich besser als Koalition, ist aber natürlich Blödsinn, siehe auch Reim Nummer 270

277
Politischer Nasenbohrer

Der Fahrer eines Kombi-Opel hatte mal nen Nasenpopel, den wischte er mit schneller Hand, an seinen Sitz zum rechten Rand, damit war also allen klar, dass er gewiss kein Linker war.

278
Der Bestseller

Es war einmal ein Fußballtreter, mit
Vorname Hans-Wilhelm-Peter, der
handelte mit Klopapier, mit Kaugummi und
Flaschenbier, und auch war dort im
Angebot, wenn ein Mensch schon beinah
tot, Sargwäsche in reinem weiß, wie es in
einem Dress-Code heißt. Außerdem im
Angebot wenn der Mensch dann endlich
tot, Kiste, Kerzen, Kranzgebinde, Trauerflor,
und als extra Angebot ein Büchlein mit dem
Titel: ›Ist der Tote in der Erde, wie kommt
man dann schnell an das Erbe?‹

Dieses Büchlein -Bestseller- abseits aller
Pietät, bald bei jedem Erben steht.

279
Gestrandete Matrosen

Es fuhr einmal ein großes Schiff bei
Honululu auf ein Riff, dann lag es da
bewegungslos, der Himmel blau die Palmen
groß, und die Matrosen voller Wonne,
genossen auf Hawaii die Sonne, doch als
der Dampfer wieder flott, begann der alte
müde Trott.

280
Fehlerhafte Navigation

Fährt man auf eine Mole uff, verwechselt
rotes Licht am Puff mit dem roten
Molenlicht, das Backbord in die Augen
sticht, wenn man den Dampfer mit fünf
Knoten, auf Rückreise von den Lofoten in
Richtung Heimathafen bringt, und auch
schon Seemannslieder singt, wenn man
sich freut, denn man ist schnell, bei den
Mäuschen im Bordell, vor Freude ist
Verstand in Mors, und schon gesteuert
falschen Kurs, wenn also falsche
Seemannschaft einen Kaskoschaden
schafft, an des Hafens Molenmauer, so ist
man hinterher meist schlauer.

Fazit: Denkst an die Girls, Verstand in Mors, dann
steuerst du oft falschen Kurs

281
Das Ende der Elektronik

Wenn es an jeder Kreuzung kracht, dann ist
Glatteis um halb acht, da hilft kein Handy,
nicht Whats-App, da hilft dir auch im
High-Tec-Land, am besten eine Schaufel
Sand.

282
Die Urne im Wald

Tod und kalt in einer Kist, liegt eine Leiche
die ein Christ. Wenn sie verbrannt in einem
Feuer, denn Erdbegräbnis ist zu teuer,
kommt sie in einen Blumenpott, so nennt
man Urne auch salopp, und danach wird sie
eingegraben, so will das die Familie haben.
Wenn dann das Erbe aufgeteilt, man hurtig
auseinander eilt, vergessen ist die Urne
bald, vergraben in dem Ruhewald.

283
Der Ornithologe

Er kennt sich aus mit Fledermaus, mit
Vögeln die im Vogelhaus, mit Adebar auf
seinem Dach, mit Vögeln die frühmorgens
wach, mit Graugans, Schwan und Kolibri,
mit Pleitegeiern irgendwie, mit Spatz, mit
Huhn und Auerhahn, mit Zugvögeln und
weißem Schwan, mit Vogelfedern und
Gelegen, mit Raubvögeln die sehr
verwegen, und wenn er Schnaps trinkt und
nicht Radler, kennt er sogar den
Bundesadler.

284
Die Zeit verrinnt

Wenn du schon viele Jahre lebst und immer noch am Leben klebst, dann hat es sich noch nicht ergeben, du mochtest immer gerne leben. Nach Jahrzehnten deiner Zeit, schon lange her das ist schon weit, angefüllt mit Müh und Last, dabei hast du so viel verpasst.
Zu wenig Zeit für deine Freunde, für Natur und Luft und Wald, hast wenig von der Welt gesehen, nur kurz wie im vorüber gehen, du lebst noch unter eigenem Dach, jedoch du bist schon altersschwach und läufst mit deinem Rollator nur noch bis zum Gartentor.
Im nächsten Leben schwöre dir, trinke Wein mit ihm und ihr, denke nicht nur an die Pflicht, komm aus dem Dunkeln, geh ans Licht, umgebe dich mit deinen Freunden, bereis die Welt von Ost nach Westen, sei glücklich da wo es am besten, und plötzlich treibt dich dann der Wind, dahin wo wahre Freunde sind.

Fazit: Zu spät ist es für dieses Leben, denn es ist irgendwann vorbei, nur wer aufgibt hat verloren, mach besser es im Leben zwei

285
Himmel oder Erde?

100 möchte ich nicht werden, im Paradies
wohl, nicht auf Erden, der Mensch hat
diese Welt versaut, dass man einander
nicht mehr traut, umgeben nur von
Egoisten, ob sie Muslime oder Christen, alle
sind voll Hinterlisten, überall wird viel
gelogen, drehst du dich um, wirst du
betrogen.
Denkst du wenn du im Himmel bist, dass es
dort oben besser ist?

286
Noch so ein Ding

Zu eng ist mir der Hosenbund, es quält die
dicke Wampe, ein Papagei ist ziemlich
bunt, und ich beerb die Tante. Muss kotzen
weil zu viel gefressen, getrunken hab ich
auch zu viel, ich fahre mit der Bahn nach
Essen und mit dem Tretroller nach Kiel.

287
Moderne Welt

Es saßen einst ein paar Germanen, die von
irgendwo her kamen, in ihrer Höhle feucht
und kühl, war etwa zwischen Plön und Kiel.
Das war vor gut dreitausend Jahren,
sie kamen nicht per Autobahn,
weil Autos nicht erfunden warn,
sie saßen, froren, es war kalt:
„Erfindet doch ne Heizung bald."
Ein Germane der sehr schlau, wartet auf
die Tagesschau, doch WLAN fehlt in dieser
Höhle, und auch fürs Fernsehen fehlt der
Strom, es fehlt die Geisel unserer Zeit,
denn bis zum Handy wars noch weit.
So lebten sie im Paradies, das damals
Steinzeithöhle hieß.

288
Der arme Poet

Ein Poet ist fast verhungert, wenn er in
seinem Zimmer lungert, kalt, weil
unbeheizt und dunkel, nur das helle
Sterngefunkel, daraus macht er seine
Reime, häufig blöde, manchmal feine.

289
Im Tante Emma Laden

Muss ich an meine Oma denken, war frei
von künstlichen Gelenken, Krückstock und
ne Pillendose, das Gebiss ein wenig lose,
ein Handstock von der AOK, Rollator nicht
erfunden war, der ›Graue Star‹ nicht
operiert, Oma durch dicke Gläser pliert.

Kein Supermarkt Vollsortiment, niemand
der zu Aldi rennt, alles beim Kaufmann an
der Ecke, Rosenkohl und Heftezwecke, Senf
auf einem Stück Papier, Essig, Wein und
Pilsner Bier, Bohnenkaffee frisch gemahlen,
und Räucherschinken aus Westfalen, und
die gute Marmelade, das Mehl aus einer
Holzschublade. Streichhölzer und
Leberwurst und losen Tee gegen den Durst,
und die Butter nicht verpackt, von einem
Löffel der gezackt, das Sauerkraut Typ
Bauernstolz aus einem Fass das war aus
Holz, Gurke, Käse, Griebenschmalz, und ein
Viertel von dem Salz, den Hefewürfel ganz
zum Schluss, weil den fürs backen brauchen
muss.

Das Einkaufsnetz ist voll zum bersten: „Meine Mutter
zahlt am Ersten."

290
Die Storchengabel

Auf eines Landwirts rotem Dach steht ein
Storch, er macht in keiner Weise Krach, nur
klappert er mit seinem Schnabel, denn
dieser dient ihm auch als Gabel, verschlingt
er damit Fisch und Frosch, denkt er, er
speist bei Feinkost Gosch.

291
Irrtümer

Ein Trecker treckt watt übers Feld, ein
Segler segelt um die Welt, Zitronenfalter
faltet Obst, ein Steinbeißer frisst meist
Granit, ganz harmlos ist das Dynamit, der
Klapperstorch bringt kleine Kinder und
barfuß laufen alle Inder, das Paradies
kommt nach dem Tod, wer alles glaubt in
dem Gedicht, ist ein arm-naiver Wicht.

292
Kurzgedicht
Ich bin dumm, schreib Gedichte, eben
drum.

293
Tödliche Gegensätze

Fast platzt er und ist vollgefressen, hat
jeden Tag zu viel gegessen, zu fett, zu salzig
und viel Süße, hat dicken Kopf und dicke
Füße, bewegt sich kaum, das ist nicht not,
und kurz danach ist er dann tot.

In einem Erdteil gegenüber, fahrt da mal
hin, geht da mal rüber, da stirbt ein
spindeldürrer Mann, bei dem man Rippen
zählen kann. Gehungert viele lange Jahre,
nun liegt er da auf einer Bahre. Im Leben
war der niemals satt, aß von den Bäumen
auch ein Blatt, trank Wasser aus dem
selben Fluss, in dem er sich auch waschen
muss, wie kann man glücklich, ruhig sein,
wenn andere vor Hunger schreien?

294
Brillen Ersatzpille

Ich trug mal eine Brille, dann fraß ich eine
Pille, brauche nie mehr Glas zum lesen, das
mit der Brille ist gewesen.

295
Zirkus-Quälerei

Ein Elefant auf Hinterbeinen, ein Tiger
springt durch Feuerring, wir lachen doch
die Tiere weinen, der Bär ist um den Hals
beringt. Der Zirkus ist die Folterkammer
einer voll gefressenen Welt, Mitleid ist ein
fremdes Wort, das Einzige was zählt ist
Geld. Zu Lasten anderer vergnügen, des
Tieres Leid ist ganz egal, schau einem Affen
in die Augen, dann siehst du seine ganze
Qual.

296
Krankheit

Quält sich ein Husten aus dem Schlund, so
lang bis deine Mandeln wund, dann ist zu
prüfen ob du schwitzt und ab der Schal am
Hals gut sitzt, ob deine Füße gut verpackt,
und nicht sockenlos und nackt, weil kalte
Füße Fieber machen, und rote Nasen,
andere Sachen.

Fazit: Bei Fieber mehr als dreißig sieben, sollst du gute
Pillen kriegen, den Arzt bestellen und ins Bett, sonst
geht der Schüttelfrost nicht weg

297
Die Schöpfung

Der Mensch, das Meisterstück der
Schöpfung, hat meistens oben eine Nase
und sehr weit unten eine Blase.

Damit er richtig hören kann, sind Ohren an
der Birne dran, zum Greifen hat er seine
Finger, verschieden lang sind diese Dinger.

Unter einer harten Schale, leicht geschützt
durch seine Haare, wohnt das Gehirn, die
Schaltzentrale, und eine kleine Minderheit,
benutzt es auch noch sehr gescheit.

Und schließlich sind da noch die Augen, die
recht gut zum Sehen taugen, und gut sind
sie für Tränenfluss, wenn der Mensch mal
heulen muss.

Weil zum Zeitpunkt dieser Schöpfung das
Auto nicht erfunden war, bekam der
Mensch auch Beine, und unter jedes noch
ein Fuß, so läuft man wunderbar.

Hinweis:
Andere Auslegungen der Schöpfungsgeschichte
bedürfen des Beweises

298
Unterschiede

Wir unterscheiden Mensch und Tier, Tier
säuft meist Wasser, Mensch gern Bier. Wir
haben Vorder - Hinterbeine, nur die Vögel
haben keine, und dem Fisch fehlt Bein und
Fuß, weil er im Wasser leben muss.
Anscheinend keine Unterschiede, zwei
Nasenlöcher haben alle, ne Ausnahme
macht nur die Qualle, und auch zwei Ohren
für den Schall, sieht man an Tieren überall.
Augen hat auch jedes Tier, Huhn, Gorilla
und der Stier, die Schnecke hats, die Spinne
auch, sogar der große Elefant, ich sah ihn
mal im Swasiland. Was unterscheidet
Mensch und Tier? Kein Tier ist falsch, und
ist auch nicht verlogen, die meisten
Menschen aber haben, die Wahrheit schon
verbogen. Es raubt kein Tier mehr als es
braucht, und satt ist es zufrieden, ganz
anders als die Menschen, die den Hals nicht
voll kriegen. Betrug und Neid ist
ausgeprägt, wer Wahrheit spricht wird
nicht gehört, Ehrlichkeit stört überall und
ist etwas wie Rauch und Schall.

Der Mensch ist schlecht das Tier ist gut, sei vor den
Menschen auf der Hut

299
Wo war ich zum Speisen

Ich aß mal in Italien Eis, das man dort
Gelato heißt, trank roten Wein in West-
Paris, was man als Stadt der Liebe pries.
Spareribs gabs in Kellerbar, die in Süd-
Chicago war, am Times-Square in New
York, einen Burger mit viel Pork. Ananas
gabs auf Hawaii, in Hamburg Labskaus auch
dabei, und in der Nähe von dem Pol aß ich
Rentiergoulasch wohl, da waren dann
vierzig Minusgrade, in Brüssel aß ich
Schokolade. In Miami am heißen Strand, ich
ein schönes Steakhaus fand, das Beste aber
gabs in Celle, Rotkohl mit ner Frikadelle.

300
Schwein auf Eis

Es brach ein Angelner Sattelschwein, beim
Schlittschuhlaufen heftig ein und brach
dabei das Schlüsselbein. So kam es in die
Notaufnahme, Geburtstag, Größe,
Krankenkasse, wohnhaft wo in welcher
Straße? Dann wurde endlich therapiert,
danach der Bruch auch repariert.

Wer auf zu dünnem Eis läuft, ist ein dummes Schwein

301
Der Gourmet

Kartoffelknödel, Speck und Soße, und eine
Haxe, eine große, vorweg Salat der ziemlich
frisch, oder etwas Meeresfisch, und gerne
einen Küchengruß, nicht unbedingt mit
Apfelmus, und als Getränk den roten Wein,
der darf auch gerne teuer sein. Ich order
munter voll Genuss, weil ich vernünftig
leben muss, ich will doch keinen
Hungertod, ich bin doch schlau, nicht Idiot.
So fresse ich mir Bäuchlein an, gut das wir
Krankenhäuser ham.

302
Gesundheitsprobleme

Ein Elefant hatte einmal die Schwanzflosse
gebrochen, da kam ein Nasenbär, der hatte
das gerochen, und auch ein Russe, ein
Genosse, Experte für gebrochene Flosse.
Dann war dem Elefant ein Schneidezahn
lose, und hinten links litt er an Arthrose,
der Kopf zu groß der Schwanz zu klein,
dann kam er in ein Altenheim.

Fazit: Das war die Entscheidung der Haselmaus, sie
war der Professor vom Krankenhaus

303
Die Frikadelle

Frag du mal ein Frikadelle: „Wo geht's denn hier zum Bahnhof?", bekommst du keine Antwort, ist Frikadelle doof.

Nennt sie den rechten Weg korrekt: „Zweimal nach links und dann ums Eck," dann hast du Glück gehabt, dann ist sie auch nicht dumm, denn im normalen Fall, sind Frikadellen stumm.

304
Vogelnahrung

Ein Vogel sitzt auf einem Ast, der ihm als Aussichtsplattform passt, von hier riskiert er einen Blick, auf einen Wurm der lang und dick, sich sonnt auf einem Kopf aus Kohl, und fühlt sich augenscheinlich wohl. Der Vogel denkt: „Den hätt ich gern," denn er spürt Hunger im Gedärm. So endet Wurmes Sonnenbad auf einem kleinen Weißkohlblatt.

Fazit: Schnell war er wech, sein Pech

305
Ungesundes Leben

Bist also krank weil ungesund, hast rote
Pickeln du im Mund, magst weder essen
oder trinken, man sieht dich beim
Spaziergang hinken, du siehst mit deines
Auges Blick selbst dünne Menschen
ziemlich dick, gehst nur im Kreis statt
geradeaus, dann ist dein Leben alsbald aus.

Jedoch da ist auch Glück im Licht, gesunde
Menschen sterben nicht, wenn
schwankend Gang durch Alkohol, wenn
deine Birne ziemlich hohl, werd abstinent
beim Tabakrauch, beim Saufen und beim
Essen auch, ernähr dich öfter mit Salat, weil
der kein Fett, kein Zucker hat.

Und noch was, geh auch mal zu Fuß, weil
man nicht immer fahren muss, und mache
doch das Sportabzeichen, damit die vielen
Pfunde weichen, und lass die vielen Frauen
sein, begnüge dich mit einer, am besten
wohl mit Deiner.

Fazit: Das Leben geht nicht schnell vorbei, entsage nur
der Völlerei

306
Kein Jagdglück

Im Indianerreservat trägt Medizinmann
einen Bart, den er gezwirbelt akkurat, um
den Hals geschlungen hat. Der Häuptling
zielt mit Pfeil und Bogen auf einen grauen
Elefant, da ist der hurtig weggerannt, damit
der Pfeil ihn nicht anritzt, weil dieser vorne
angespitzt.

Dann jagt der Häuptling einen Dino, so
einen kennt er aus dem Kino, das
Lichtspielhaus liegt in der Wüste und nicht
an der Atlantikküste. Da kommt sehr
plötzlich um das Riff, ein ganz normales
Wüstenschiff, so wird dort ein Kamel
genannt, dem ist er dann schnell nach
gerannt.

Er schließt, verfehlt das Höckertier, kein
Jagdglück ist ihm hold, dann hat es wohl
der Manitu, heute so nicht gewollt. Macht
Flasche auf, trinkt Apfelkorn, den Dino
nicht, nicht Elefant, auch das Kamel ist weg
gerannt, er spricht zu seinem Jagdhund
Waldi: „Wir kaufen Grillfleisch jetzt bei
Aldi."

307
Reales Leben

Regen, Wind und nur drei Grad, und im
Gesicht Dreitagebart, im Fernsehen die
Flüchtlingskrise, auf dem Konto auch nur
Miese, die Erbsensuppen angebrannt, bin
nicht mit Millionär verwandt, wenn nichts
korrekt und nur daneben, dann bist du im
realen Leben.

308
Ein Hirschgeweih, wann?

Im dunklen Tann, im grünen Wald, wo laut
der Klang des Spechts erschallt, wenn der
mit seinem harten Schnabel, fast wie mit
einer spitzen Gabel, ein Loch in eines
Baumes Rinde, schafft eine Höhle für sein
Kinde, dann röhrt auch schon einmal ein
Hirsch, wenn er auf einer Damenpirsch,
wenn er also in seiner Brunst, am liebsten
mal so richtig bumst, und ihm jedoch ein
Hase petzt, dass man ihm Hörner
aufgesetzt, dann weiß dies Tier doch voll
Verdruss, warum es Hörner schleppen
muss.
Fazit: Passiert nicht nur dem Menschen, wie tröstlich

309
Telefon Warteschleife

Wollen Sie Rezept für eine Pille, drücken
Sie sofort die 1, drücken sie dagegen 2, ist
Wartezeit in Wochen 3, den Arzt sofort
geht nur privat, weil der keine Zeit mehr
hat, sie wollen ne Kur, ein MRT, es tut die
linke Hüfte weh, die Nase tropft, es schwillt
der Bauch, und auch Probleme mit dem
Schlauch, drücken sie die vierer Taste und
die schönste Musik haste, Schlager oder
Marschmusik, das ist wahres Lebensglück,
ein Barzahler drückt Nummer 7, kann den
Termin schon morgen kriegen, bei uns geht
alles seinen Gang, daher ist Wartezeit oft
lang.

310
Hottentotten

Es war einmal ein Hottentotte, seine
deutsche Frau hieß Lotte, sie hatte sieben
Kinder, alle von einem Inder, er hat nur eins
mit Russendame, ich glaube Olga war ihr
Name, das Kind hieß Iwan-Afrika, weil der
Vater Totte war.
Fazit: Man ehrt mit solcher Namenswahl, Herkunft
Russland - Senegal

221

311
Der Kannibale

Es war einmal ein Ostwestfale, der war ein
deutscher Kannibale, der fraß gekocht und
auch gegrillt, ich hätte das so nicht
gemocht, den Pastor und den Mann vom
Zoll, fraß die mit Kopf und auch mit Kragen,
nun liegen sie ihm schwer im Magen, dann
fraß er Koch aus Kinderheim, doch das fand
ich, war sehr gemein.

312
Der Flötenspieler

Ein Flötenspieler aus der Pfalz, aß sehr
gerne Brot mit Schmalz. Er wurde davon
aber fett, die Lippen wurden dicke, es blieb
die Luft zum Blasen weg, auch bekam er ne
Picke.
Wie rettet er die Melodie, er spielt in
Elbphilharmonie?
Damit er weiter blasen kann, trinkt er von
da an Lebertran, eigentlich war das sehr
schade, statt Schmalz isst er jetzt
Marmelade.

313
Feinschmecker

Es war mal eine Scheibe Brot, war nach
dem Toasten ziemlich tot, konnte Hitze
nicht vertragen, lag daher schwer in Essers
Magen, der sie mit Leberwurst traktierte,
bevor er sie mit Senf beschmierte, und
darauf dann noch Pfeffer, Salz, krönt er das
Ganze dann mit Schmalz.

Die Mischung ist für manchen Magen, nur
mit viel Schnaps noch zu ertragen, zumal
als später ziemlich promt, auch noch ein
saurer Hering kommt, getoppt von Käse,
Himbeersoße und von Gewürz, gerebelt,
lose.

Das Schlimmste aber kam zum Schluss, da
soff er auch noch Punsch mit Schuss, denn
es war gerade Weihnachtszeit, der nächste
Frühling war noch weit, im Sommer lebte
er nicht mehr, da war er tot, sein
Kühlschrank leer.

Frisst du zu viel, hast Null Verstand, fliegt
schnell dreimal ne Schaufel Sand.

Wohin fliegt Sand, auf deine Kiste in der Grube
natürlich, oder kennst du das auch nicht?

314
Eine ganz linke Sache

Ein Wasserhähnin mit Linksgewinde, sie
war noch sehr klein fast noch ein Kinde, die
kannte einen Schraubendreher, das war ein
Wasserhahn-Versteher, der verdrehte ihr
den Kopf, bis daraus ein Wasser tropf, da
bekam sie dann ein Kinde, das hatte
Schrauben-Linksgewinde.

Hinweis: Der Poet hat Oswald Kolle gelesen, sonst
hätte er dies nicht dichten können

315
Der sprachbegabte Keks

Ein Keks sprach mit mir italienisch, dabei
kann ich nur deutsch und dänisch, verstand
ihn nicht, bin Sauerkraut, und keiner der
auf Nudeln kaut, ich machte Schluss und
sagte:

„Basta, sprich italienisch nur mit Pasta."

Fazit: Man sollte multilingual veranlagt sein

316
Der übersegelte Hering

Ich hatte mal ein Segelboot, damit fuhr ich
den Hering tot, der provozierte Kollision, ab
war sein Kopf, ihr kennt das schon. Da trieb
er dann so ohne Haupt, ich denke dass ihr
mir das glaubt, in seinen Laib ergoss sich
Meer, da war der Hering viel zu schwer.

Fazit: Bis zur TITANIC ging er unter, er wird wohl
niemals wieder munter

317
Wie verreisen

Ich möchte nie mehr Auto fahren, viel
lieber mit der Bundesbahn, noch besser hat
es Peter Pan, der reist auf einem weißen
Schwan, und dann natürlich Aladin, kommt
überall per Teppich hin. Wenn ich heute
verreisen muss, nehme ich natürlich den
Reisebus, besser wäre Pegasus, das wäre
dann ein Hochgenuss, halb Pferd halb
Luftverkehrsgerät, und immer pünktlich
niemals spät, und als ein kleines Kind ich
war, lieferte mich Adebar.

Fazit: Wer von klein auf ans Fliegen gewöhnt ist,
kommt davon nicht mehr los

318
Beruf: Fußballtreter

Fußballtreter, Millionär, das wär etwas, was
ich gern wär, nur nicht Arbeit in Fabrik,
Bürositzen macht viel zu dick, und auch
nicht Handwerk viele Stunden,
herumärgern mit manchen Kunden.

Nein Fußballtreter wäre richtig, da wäre ich
dann richtig wichtig, schieß Tore schon
kommt Kamera, und tausend Menschen
schreien hurra, Reporter kommt mit
Mikrophon, und ich bin stolz, ich kenn das
schon.

Damit mein Traum sich bald erfüllt hab ich
schon vorgesorgt, und mir zum Tätowieren,
Gerätschaften besorgt.

Nun muss ich nur noch spucken üben, und
rotzen aus dem Nasenloch, das machen alle
Profis doch, und schnell bin ich dann
Millionär, wenn ich doch bald Fußballer
wär.

Fazit: Wer mit Fußball Millionen verdienen will, muss
sich tätowieren lassen, am besten sehr viel

319
Das Jahr verläuft

Die Strandkörbe sind weg geräumt, und jeder der vom Sommer träumt, hat jetzt ne lange Wartezeit, das nächste Frühjahr ist noch weit. Doch nun kommen die Haselnüsse, Karneval und Halloween, du hast dafür schon ein Kostüm, Tannenbaum, und Gänsebraten, Silvester und das Neujahrsfest, säufst den Silvester Bowlenrest, und dann die Valentins Gebinde, auch schon die ersten Frühlingswinde, und bald danach die Ostereier, träumst von einem flotten Dreier.

Zwischendurch Geburtstagsfest, wo man dich hoch leben lässt, dann kommt, wenn Stürme nicht mehr tosen, erneut die Zeit für kurze Hosen. Dann bist du endlich los gerannt, dein Ziel ist der Nudistenstrand, du schmeißt das Hemd und auch die Hose, die Sonne bäunt den nackten Hintern, du möchtest gerne überwintern, das nächste Jahr da wo es warm, doch dafür bist du viel zu arm.

Fazit: Du badest weiter unten ohne, in unserer kalten Klimazone

320
Ungesunde Eisenbahn

Langstrecke mit Eisenbahn ist ziemlich
ungesund zu fahren, zwar sind die
Schaffner ziemlich nett, und auch sehr
schön ist meist das Bett in einem
Schlafwagenabteil, doch habe ich
Bedenken weil:
Man kann der Zugluft nicht ausweichen, ob
es auf Geraden oder Weichen, Zugluft
macht die Mandeln rot, und hast du Pech
dann gehst du tot, jedoch der Trunk auf EX
ist klug, man leert das Glas in einem Zug.
Im Speisewagen am Buffet, orderst du
gegrillten Hahn, doch weil auch der fährt
und nicht rennt, man ihn als Zugvogel
benennt.

321
Alles leer

Kein Benzin im Autotank und keinen Euro
auf der Bank, in meinem Kühlschrank
hungert Maus, da ist der letzte Krümel
raus, jedoch im Keller steht sehr wohl, ein
großes Fass mit Sauerkohl. So bin ich
eigentlich zufrieden, würd ich dazu ne Haxe
kriegen.

322
Hörner

Man sieht bei Stieren meist von vörn, an
jeder Seite ein Gehörn. Ein jedes Hörn zeigt
meist nach vorne, der Stier benutzt es nur
im Zorne, wenn seine Kuh um Hilfe muht,
und niemand anders Hilfe tut.

So rettet er auch seine Kälber, er macht das
alles lieber selber, sonst müsste das ein
Cowboy tun, jedoch ist dieser meistens
duhn. Selbst ist der Stier, selbst ist der
Mann, wie gut das Stiere Hörner ham.

323
Haustiere

Lebst du in deinem eignen Haus, mit Hund
und Katze, weißer Maus, mit Goldfisch im
Aquarium, mit Kuh, mit Schwein und auch
mit Schaf, das mit ins Fernsehzimmer darf,
dann lebst du voller Harmonie, genieß dies
Leben, diese Zeit, zum Paradies ist es nicht
weit.

Weiser Rat: In dieses paradiesische Umfeld keinen
andern Menschen lassen, dann ist es mit der
Harmonie bald vorbei

324
Das Mobile

Ein Mobile dreht sich geschwind, bestaunt
von einem kleinen Kind, kann immerzu
Figuren sehen, die sich dort im Kreise
drehen. Ein Clown, ein Panda, ein Giraffe,
ein winzig kleines Affenkind, alles dreht
sich dort im Wind.

Das muss so sein, auf diese Weise, dreht
alles dauerhaft im Kreise, das Kind kennt
noch nichts von Physik, es schaut nur und
ist voller Glück, irgendwann wird es
begreifen, es dreht die Zugluft diesen
Reifen.

Bevor es in Erwachsenenwelt, es dies für
einen Zauber hält.

325
Kurze Wettervorhersage

Draußen ist es ziemlich kalt, es kommt der
nächste Winter, wenn's dann noch blitzt
und Donner knallt, haben wir Unwetter
bald.

326
Der Landwirt

Es war einmal ein Bauersmann, der hatte
viele Schweine, das waren gewiss
dreitausend Stück, nur Eber hat er keine.
Dreitausend sehnsuchtsvolle Damen, dann
hat der Bauer doch Erbarmen.

Das ist doch für die Sau nicht nett, liegt
immer nur allein im Bett, das würde auch
kein Mensch gut finden, weder in Nürnberg
noch in Minden.

Fazit: Nach der Ankunft einiger Eber hörte man
deutlich lustige Grunzereien

327
Sinnlose Raserei

Es schwimmt sehr stolz ein weißer Schwan,
getrieben wird er vom Orkan, der voll auf
dessen Bürzel bläst, und ihm hohes Tempo
macht, von Knoten sieben Komma acht.

Ist schnell wie ein Torpedoboot, knallt an
die Pier, da ist er tot.

Kommt von der sinnlosen Raserei

328
Das Elektrobike

Auf einem Fahrrad fuhr einmal ein ziemlich
fetter Räucheraal, bediente folgerichtig
auch, Klingel, Bremse und Pedal, kam mit
dem Fahrrad ziemlich weit, denn es war ein
Elektrobike.

329
Trockenes Brot

Es aß einmal ein Idiot, zwölf Scheiben
trockenes Knäckebrot, und daran ist er
dann erstickt, atmete schwer, und war
dann tot.

Fazit: Frisst du ne Scheibe Knäckebrot, schmier Butter
drauf, sonst gehst du tot

330
Durst, schlimmer als Heimweh

Ein Mensch doof wie Kartoffelsuppe, soff
zu viel Schnaps das war ihm schnuppe, da
wurde er sehr rund und krank, war nicht
mehr wie ne Bohne rank, die Leber schwoll,
die Nase rot, und nach ein paar Jahren war
er tot.

Erkenntnis: Hast du sehr viel Durstgefühl, sauf Wasser
und nicht Schnaps zu viel

331
Wenn wir altern

Bohr mit Finger in der Nase, und recht voll
ist meine Blase, und die Augen
zugeschwollen wegen vieler Gräserpollen,
und Haarverlust und Karies, und platter Fuß
und leicht dement, neue Hüfte mit Zement,
Hörgerät und Brille auch, und ziemlich
schlapp ist schon mein Schlauch, und
Prolaps meiner Scheibe-Band, das
Stützkorsett hängt schon im Schrank, alt
wie ein lebendes Fossil, und auch vom
Blutdruck viel zu viel, geb nicht auf das ist
normal, jung und schön, das war einmal.

332
Der Protestant

Es ging einmal am Palmenstrand ein
christlich frommer Protestant, trug eine
lange Badehose die war um seine Wade
lose. Er ging ins Wasser, kam ne Welle, weg
war die Hose auf die Schnelle. „Oh mein
Gott sprach er spontan, wer hat mir dieses
angetan?"
Da kam die Stimme aus dem Himmel: „Der Bauch zu
dünn die Büx zu groß, daher bist du das Ding jetzt los"

333
Sommerhitze ade

Es stürmt, es regnet, es ist kalt, jetzt kommt
der böse Herbst alsbald, vorbei ist schnell
die Sommerhitze, du schwitzt nicht mehr in
Hinternritze, bist ruhig ohne Sonnenbrand,
quer durch die ganze Stadt gerannt,
erwerbe einen Regenschirm, trag
Gummimantel anstatt Zwirn, und schmeiß
die Sonnenbrille weg, bei trüben Wetter
ohne Zweck, und freu dich schon auf
Weihnachtspunsch, das ist der fromme
Herzenswunsch.

Guter Rat: Bist du mit Winter nicht zufrieden, verzieh
dich in den warmen Süden

334
Der Mistwurm

Es windet sich ein Wurm im Mist,
weil dieses seine Heimat ist, er fühlt sich
wohl ist dort zu Haus, doch plötzlich ist das
Leben aus. Ein Vogel sah des Wurmes Leib,
und holte sich den Wurm, den teilte er mit
seinem Weib, und suchte dann von vurn.

335
Die Biene

Es war mal eine Honigbiene, die fraß so
gerne Margarine, und gerne auch mal
Käsebrot, sie fraß davon und war dann tot.

Fazit: Der Mensch stirbt oft durch Völlerei, doch auch
die Biene ist dabei

336
Wurstspezialitäten

Der Chef von einer Wurstfabrik, liefert
Würste dünn und dick, macht Wiener und
auch Cervelat, und endlich auch die
Mortadella, kommt auf des Genießers
Teller. Münchner Weißwurst, diese Helle,
mit der weißlich grauen Pelle, liefert er mit
süßem Senf, bis nach Moskau und nach
Genf. Bis ins südliche Australien, lieferte er
die Fressalien, und selbst Mafia-Ganoven
hört man seine Würste loben:
„Bene, bene, grandioso, ick denke dat

schmeckt mir genau so!" *

Salami mit der weißen Pelle, liefert er auch
auf die Schnelle, liegt zwischen Frühstücks-
Cerealien, auf dem Buffet in Norditalien.
Was isst er selbst der Fabrikant, den man
oft Wurstmaxe genannt?

Ernährt sich meist von Haribo, denn das
macht auch Erwachsene froh.

*Sprach dies tatsächlich so eingedeutscht, war lange
als Gastarbeiter in Wanne-Eickel

337
In der Kürze liegt die Würze

Brauch hier nur einen Pausenfüller und
keinen dichterischen Knüller, daher ist
dieser Reim nur kurz, nicht länger als ein
kleiner Furz.

338
Ei und Henne

Es gebar ein Huhn ein Ei, im Hof bei Bauer
Eugen, es war auch Vater Hahn dabei, war
schon dabei beim Zeugen.
Es ist fast wie bei Menschenkindern, man
steht dabei im Kreis, und fragt sich wird das
Ei, denn braun nun oder weiß?

Fazit: Da erkennt man dann oft erst, wer vermutlich
der Vater war, hier war das Ei brau, und der Vater ein
Rhodeländer Hahn

339
Landung an falscher Stelle

Wenn Engel Kotflügel hat, war letzte
Landung wie ihr wisst,* auf einem großen
Haufen Mist.

*Alternativ: Wie man weiß, auf einem großen Haufen
Scheiß, aber das ist nicht die Sprache eines Dichters

340
Die Q

Ein Bauer hatte eine Q, die stand auf
grüner Weide, und neben ihr stand ein
Q - Kalb, das war nur ein paar Stunden alt.
Sie hatten keinen Regenschirm, der Regen
prasselt aufs Gehirn, dort zwischen ihre
Ohren, das ging schon so ganz lange Zeit,
seitdem das Kalb geboren.

Sie standen bis zum Knie im Gras, da wurde
auch das Euter nass, von der großen Q, das
konnte die nicht leiden, und machte
dauernd muh! Nun schenkt ihr doch den
Friesennerz, das laute Muh dringt in mein
Herz.

Die Q bekam den Friesennerz, sie dreht die
Augen himmelwärts, und dankt dem Gott
der Kühe, für seine große Mühe. Nun frisst
sie zwar noch nasses Gras, jedoch der Kopf
wird nicht mehr nass, da wird dir sicher
warm ums Herz, du dankst dem gelben
Friesennerz.

Aber: In der Sahelzone danken sie den gleichen
Göttern wenn es regnet, die Welt ist anscheinend
ungerecht

341
Gewürze

Die Krönung einer jeden Speise, ist bei
Gewürz auf eine Weise, Verbesserung von
Farbe, Duft, wenn der nach
Küchenkräutern ruft, und außerdem, auch
ohne kauen, kann man viel besser dann
verdauen.

Fisch der ohne Dill gegart, wäre auch ein
wenig fad, die Gänsebrust, das Hühnerbein,
mit einer Spur von rotem Wein, in roten
oder weißen Kohl, kommt eine Prise
Kümmel wohl, Gewürzewelt ist riesengroß,
was mach ich ohne Pfeffer bloß?

Pfefferminze, Oregano, und mildes
Meersalz aus Merano, und Lorbeerblatt
und Rum Aroma, das verwendet meine
Oma, und gehackte Chillischoten, und
Trockenfisch von den Lofoten, und einen
Löffel Parmesan, muss ich auf meine
Nudeln ham.

Man kann auch gut mit Zwiebeln kochen,
Schweinerippchen ohne Knochen, oder friss
nur Knäckebrot, du hungerst dann und bist
bald tot.

342
Bescheidene Kinderwünsche

Kinderwünsche irreal, sie hätten gerne
Räucheraal, und ein Handy mit Vertrag,
und bitte auch die Farbsprühdose, und eine
blaue Unterhose, und Katapult zum
Fensterschießen, und etwas Haschisch zum
genießen, die Kinderwünsche, meiner
beiden, sind dieses Jahr doch sehr
bescheiden.

343
Der gefundene Wanderstock

Ein Alpinist in steiler Wand, einmal einen
Spazierstock fand, mit Silberknauf in
Entenform, und einer Gummispitze vorn. Es
hat das Nussbaumholz, gedrechselt, den
Besitzer schnell gewechselt, denn nun
macht der Alpinist, mit Stock der nicht sein
Eigen ist, täglich eine Brotzeitpause in einer
Wander-Frühstücksjause. Normal müsst er
zum Fundbüro, wann gefunden, wie und
wo?
„Dem Stock hab ich Asyl gegeben, so ist das
mit uns Christen eben, jetzt lebt der Stock
im Bayernland, selbst wenn der aus
Preußen stammt."

344
Zwei Kamele

Es war einmal ein Dromedar, das ist so eine
Art Kamel, hat Sehnsucht nach Amerika,
wollte Mister Trump mal sehen, denn was
als Trumpeltier bekannt, gibt es nicht in
unserem Land.
Dort sah es dann sein Ebenbild.
„Oh Donald, das ist schön, dich hier als ein
Kamel zu sehen.
Wir beide sehen uns wirklich ähnlich, nur
du schaust geistig ziemlich dämlich. Im Zoo
bin ich ein Dromedar und du bist hier
Amerika, lass uns doch tauschen, *du* im
Zoo, das macht die ganze Menschheit
froh."

345
Das Ahnenbild

Es grinst aus einem Bilderrahmen, einer
meiner Uralt Ahnen. Bart gezwirbelt,
kühner Blick, das Haar gekämmt und
stramm zurück, und auf der Brust ein
Ordensband, für Kaiser und für Vaterland.

346
Was es wirklich (nicht) gibt

Weihnachtsmann und Osterhase, Pinoccio
mit langer Nase, Sandmännchen und blaue
Schlümpfe, Froschkönig und Peter Pan, Jim
Knopf und seine Eisenbahn. Und Götter
dann für jeden Zweck, wenn man sie
braucht, dann sind sie weg, Vater, Sohn
und Heiliger Geist, wenn du die brauchst,
sind sie verreist. Doch es gibt auch nicht
Erbarmen und kein Mitleid mit den Armen,
und Ehrlichkeit und Menschenrecht, und
Gleichheit zwischen Herr und Knecht.

Sodann die Lügen: „Ich bin fromm, damit
ich in den Himmel komm." Dann der Geiz
der Egoisten, und dennoch nennen sie sich
Christen. Die Welt ist schön, doch sehr
verlogen, hat man dich noch nie betrogen?

347
Das Besenhaar

Es war einmal ein Besenhaar, das Haar von
einem Besen war. Der hatte früh schon
Karies, jetzt ist er alt, früher war er kess, so
altert auch das Haar im Besen, das mit der
Jugend ist gewesen.

348
Ein neues Jahr

Ach wie schön, ein neues Jahr, ist kürzlich
angebrochen, ich habe es nicht recht
bemerkt, ich habe es gerochen.

Silvesterknall, Raketenfeuer, ziemlich laut
und ziemlich teuer, und Duft vom letzten
Weihnachtspunsch, fürs neue Jahr ein
Herzenswunsch, kein Zahnschmerz, Urlaub
und viel Geld, und endlich Friede auf der
Welt.

Die Wünsche sind doch sehr verschieden:
„Mögen wir doch Regen kriegen," das hofft
man in den trocknen Zonen, wo viele arme
Menschen wohnen, die Menschen dort
sind sehr bescheiden, müssten wir sie nicht
beneiden?

349
Gartenparty

Müll vom letzten Gartenfest, vom ganzen
Wildschein noch ein Rest, hängt über
kaltem Grillgerät, klebt auf dem Grillspies,
der nicht dreht, ne Pulle Sekt lehnt an der
Wand, wo gestern der Getränkestand, und
Emil und auch dessen Frau, warn gestern
Abend ziemlich blau.

Auch die Ehefrau Adele, vom Schatzmeister
in dem Verein, trank keinen O-Saft sondern
Wein.

Es war ein schönes Gartenfest, sauf von der
Bowle jetzt den Rest, pack dann den
ganzen Müll in Säcke, stell sie zu der
Ligusterhecke, hab auch schon den Raum
geputzt, weil von uns Kleingärtnern
beschmutzt.

Danach ist alles wieder klar, freue mich
schon auf das nächste Jahr.

350
Der Lehrer und die Hühner

Ein Lehrer namens Anton Meier erklärt den
Schülern Hühnereier, was sie enthalten,
wie erbrütet, und wie die Henne Küken
hütet, wie groß sie sind wenn sie
geschlüpft, wenn sie aus Schale raus
gehüpft.

„Warum lebt denn im Hühnerhof, oft nur
ein Hahn, das find ich doof?" so fragt ein
Schüler und benennt, dass er sehr viele
Hennen kennt, die wohl die Hüherfrauen
sind, so spricht und fragt das kluge Kind.

„Die Hennen wollen einen Hahn," so
spricht der Lehrer voller Scham: „Weil sie
wie Menschenfrauen sind, und oft wollen
sie daher ein Kind." Da spricht das Kind:
„Wieso der Hahn, wo doch die Hennen Eier
ham, und daraus kommen doch die Küken,
wenn die sich aus der Schale picken?"

„Nun ja," spricht Meier konsterniert, weil
ihn die Antwort doch geniert: „Die Henne
braucht den Ei-Befruchter, und einen
besseren Ausdruck sucht er, erklärt er diese
Schülerfrage, eventuell doch etwas vage?

Lieber Lehrer Meier, vergiss mal diese Eier,
die Schüler sind heut aufgeklärt, sprich ihre
Sprache nicht verkehrt:

„Zum Bumsen brauch die Henne Hahn,"
wie gut das Schüler Fragen ham.

351
Der Fleischfresser

Isst du ein Frikadellenbrot, dann ist der
Hackfleischspender tot, gelebt um bald
verspeist zu werden, vom schlimmsten Tier
hier auf der Erden, der Mensch, das
Scheusal auf zwei Beinen, bringt viele
andere oft zum Weinen.

352
Der Lehrer, ein Genie

Er lehrt Mathe, Bio, Kunst, und wann und
was ist eine Brunst, erzählt von Griechen
und Spartanern, und von alten Indianern,
was Säugetier und was ein Vogel, was ein
Bruch, was ein Binom, er lehrt von Römern
und Atom, erzählt auch von Pythagoras,
was fressen Kühe außer Gras, warum die
Welt sich immer dreht, warum es dunkelt,
wenn es spät, er erzählt von Mona Lisa,
und vom schiefen Turm in Pisa.

Nichts gibt es was er gar nicht kennt, man ihn daher
Genie gern nennt

353
Der Schwan

Es lief einmal ein weißer Schwan in
Hamburg auf der Reeperbahn, wollt auch
mal leichte Mädchen sehen, wenn die an
Straßenecken stehen. Nun stand er da und
sah betroffen, viele waren dort besoffen,
sprach zu sich selbst der weiße Schwan:
„Wie gut dass wir die Alster ham."

Er entfernt sich dann sehr schnell, von Straße und
auch vom Bordell

354
Brauche keinen Alkohol

Ich brauche keinen Alkohol. Wenn ich mir
einen Schnaps abhol, in meinem Laden
nebenan, und eine schöne Kiste Bier, hab
was ich brauch, und was habt ihr?

355
Die Möbellieferung

Du erwirbst ein Möbelstück und wirst bei
Lieferung verrückt, es kommt ein großer
Pappkarton, so um die hundert Kilo schwer,
und nicht, du warst darauf schon stolz, ein
schöner Schrank aus hellem Holz.

Dann packst du aus, in dreißig Sprachen,
wird garantiert Konformität, und Zeichnung
wie der Aufbau geht, und Beutel Schrauben
eingeschweißt, und wie das Möbelstück
dann heißt.

Man benötigt Gummihammer, und zum
Halten eine Klammer, und
Schraubendreher, etwas Leim, soll mit in
dieser Sendung sein, und dann zunächst die
Dübel treiben, die sollen in Platte sieben
bleiben.

Du fügst zusammen wie beschrieben, auf
den Seiten sechs und sieben, und irgendwo
fehlt da ein Loch, hast falsch montiert, ich
dacht es doch. Nochmal den Dübel
rausgezogen, die Platte hat sich wohl
verzogen.
Dann endlich fertig, alles gut, erfasste mich
große Wut, die Türgriffe sind alle innen, ob
Konstrukteure hier wohl spinnen, oder war
auf Skizzenseite, statt Länge angegeben
Breite?

Kauf nie mehr Möbel im Karton, in Papier
nur noch Bonbon.

356
Würmer ohne Knochenbruch

Weil Würmer keine Glieder haben, können
sie nicht auf Füssen traben, sie kommen
vorwärts ohne Bein, meist nur auf einer
Spur aus Schleim. Das Gute ist an dieser
Spur, sie haben niemals ne Fraktur, weder
Bein noch Hals noch Arm, sie haben
höchstens was im Darm, saufen dann
Kamillentee, dann tut auch deren Darm
nicht weh.

357
Erloschene Begeisterung

Es war mal eine neue Zeit, ist schon lang
weg, schon ziemlich weit, der Zauber ist
verflogen, die Glut ist tot, die hellen
Flammen sind erloschen, es bleibt nur noch
der kalte Staub, es war wohl doch verlogen.

358
Der Eierdieb

Ein Osterhase stahl sich Eier aus einem
Hühnerhof in Hessen, er wollte sie sehr
schön bemalen, und nicht zum Frühstück
essen. Er brauchte sie fürs Osterfest, und
briet sich danach erst den Rest.

359
Ratschläge

Der Optiker hat eine Brille, der Apotheker
eine Pille, die Polizei ein Strafmandat, der
Opa einen guten Rat, mir ist das alles ganz
egal, ich esse einen Räucheraal, schlag
einfach alles in den Wind, wie ein
ungezogenes Kind.

360
Kurzes Bananenleben

Es hatte eine Banane ein nur kurzes Leben,
sie wurde gepellt und in Schoko gegeben,
da sah sie braun aus wie aus Afrika, wie gut
dass es kein Sonnenbrand, sondern nur
Bananen-Schokolade war.
Dann hat sie ein Kind aufgegessen, das kam
nicht aus Bayern sondern aus Hessen.

Fazit: Um so besser du aussiehst, um so besser du
schmeckst, um so kürzer dein Leben, es ist wie verhext

361
Genussgifte

Kein Tabak und kein Alkohol, wie ist das mit
den Frauen wohl?
Sei abstinent bei Giftgenuss, auch wenn ein
Schnaps oft Hochgenuss, genauso wie ein
Weiberkuss.
Mit allem was besonders fein, soll man
möglichst sparsam sein, es macht süchtig,
doof, krank, arm, es ist zu süß, zu salzig
fett, zu schön die Frau in meinem Bett, lebe
einfach wie Asket, und du wirst staunen,
dass das geht.

Frage: Aber warum eigentlich, angebliches Zitat des
›Alten Fritz‹:
„Hunde, wollt ihr ewig leben?"

362
Lichter

Ein Licht hat meine Taschenlampe,
und Kerzenlicht hat meine Tante, und auch
Poeten haben gerne, das helle Licht der
Himmelssterne, nur Ganoven wollen es
dunkel, mögen auch kein Sterngefunkel,
klauen am liebsten in der Nacht, so um die
Zeit dreiviertel Acht.

363
Die Autos

Ein Auto, rostig, alt an Jahren, kommt
einmal zügig vorgefahren, beim TÜV der
anerkannten Stelle, die prüft ob alles ohne
Delle, ohne Rost an Bremsen, KAT, und ob
es nicht Leckagen hat, am Deckel der
Zylinderhaube, Getriebe nicht und nicht an
Bremsen, ob die Funktion der Lampen
auch, ermöglicht sicheren Gebrauch.

Und schließlich auch der Hupentest, der
Menschen oft erschrecken lässt, wenn das
Signalhorn ohne Grund, verjagt den Herrn
und auch den Hund.

Die ASU ist Bestandteil auch, ob denn nun
ohne zu viel Rauch, das Auto auf die Straße
kann, schon kommt Plakette mit dem
Mann.

Geschafft, nur noch den Obolus bezahlen
den ich zahlen muss, dann kann ich wieder
sorgenfrei, für zwei Jahre oder drei, per
Auto durch die Straßen fahren, und muss
nicht mehr per Bundesbahn

364
Emil Noldes Gartenzwerg

Emil Nolde malte Bilder, manche ruhig,
manche wilder, da sagte Ada, seine Frau:
„Nimm hier doch noch ein wenig blau, und
grün, auch gelb, ein bisschen ockerer, das
macht dein Bild doch gleich viel lockerer."

Der Emil tat wie seine Frau, ihm sagte alles
sehr genau. Hier noch ein Pinselstrich in
grün, hier noch in rot, zum Schluss in grau,
genau so sagte seine Frau.

Er tritt zurück, besieht das Werk, und denkt
es fehlt ein Gartenzwerg, malt ihn ins Bild
mit schneller Hand, und hängt das Bild an
eine Wand.

Besucher kommen von weit her, in das
Museum dicht am Meer, sie staunen und
erquicken, als sie den Zwerg erblicken.
Nolde hat nen Zwerg gebannt, auf der
Leinwand dünnem Rand, und melden an
die Zeitung schon, diese Künstler Sensation.
Von weit her kommen Koryphäen, um
Noldes Gartenzwerg zu sehen.

Aus Japan, China, USA, und wer da sonst
gewesen war, Museumsmenschen auf der
Reise, mit Sicherheit gleich dutzendweise,
junge Künstler und alte, und in der Zeitung,
erste Spalte, steht, selbst der
Bundespräsident sagt:
„Nolde wie ihn niemand kennt."

Geht ja auch nicht, die braunen Wogen,
und auch der Gartenzwerg, der war
gelogen, so etwas malte Emil nicht, Hansen
nicht und auch nicht Nolde, auch nicht die
Ada, seine Holde, fahrt hin und seht Euch
das selbst an, glaubt nicht an den
Klabautermann.

Maler Emil Hansen (1867-1956) aus dem Dorf Nolde,
sein Haus in Seebüll in Nordfriesland ist Museum und
besuchbar

365
Das Herz im Wald

In einem großen grünen Wald, da steht ein
Baum der schon recht alt. Vor langen
Jahren fiel die Saat, aus der alsbald ein
Keimling trat, der wuchs und wuchs und
irgendwann, wuchs er heran zu einem
Stamm. In seinem Leben hat der Baum,
sehr viel erlebt man glaubt es kaum.

Er hat sehr großen Schmerz erlitten, als
Menschen ihm ein Herz rein schnitten, ein
junger Mann war's, seine Braut, die hat ihm
dabei zugeschaut. Ein Herz und Namen und
das Jahr, in dem dies alles so geschah. Von
da an hatte der Baum oft, Besuch auch
manchmal unverhofft.

Eines Tages stand das Paar auch mit einem
Kinde da, und zeigte mit der Hand den
Baum, in dessen Rinde einst ein Traum, mit
scharfem Messer eingeritzt. Der Baum war
groß und breit und stolz, er war aus gutem
hartem Holz. Der Förster kam, hat rot
markiert, welcher Baum wird massakriert?

Den mit der Farbe rot und hell, den soll
man fällen möglichst schnell.

Das Paar, inzwischen schon recht alt, kam
wieder einmal in den Wald, um seinen
Baum zu sehn. Sie liebten ihn seit siebzig
Jahr, als der noch jung und kleiner war.
Jedoch sie können ihn nicht finden, und
suchen ab alle die Rinden, ob nicht ein
Herz, die Jahreszahl, ihnen erzählt, es war
einmal.

Dann endlich haben sie gefunden, und in
dem Stamm, in seiner Rinde, sie zeigen es
dem Kindeskinde, die Jahreszahl und auch
das Herz, voll Wehmut sind sie und voll
Schmerz, betrübt entfernen sie sich bald
aus dem großen dunklen Wald, doch
heimlich wandert er zurück, und trifft den
Förster, welch ein Glück.

Er schildert ihm den ganzen Schmerz, nur
ein Stück Rinde und das Herz. Der Förster
fühlt sich sehr gerührt, der Mann hat ihn
hier aufgespürt, nur wegen einer Rinde?
Er lässt sich zu dem Baume führen, er sieht
das Herz und auch das Jahr, in dem es
eingeschnitten war.

Er winkt und aus dem Unterholz erscheint
ein Helfer mit der Säge.

„Säg das mal raus, den halben Stamm und gib das weiter an den Mann." Und dann nach einem Augenblick, hat er das Herz in einem Stück, hält es an seine Brust intim, als wäre es ein Stück von ihm. Und als er dann zurück im Haus, da hält er es nicht länger aus, holt seine Frau zeigt ihr voll Stolz, das vernarbte Herz im Holz.

Doch deren Herz ist weit und weich, und ohne jede Pause gleich, wird das Geschnitzte sanft poliert, damit es nun die Wohnung ziert, zeigt Jedermann in diesem Zimmer, unsere Liebe ist für immer.

366
Zum Schluss

Wer sind wir wirklich, letzter Reim, er wird dicht an der Wahrheit sein, hab Manchem auf den Fuß getreten, bei Medizin und auch beim Beten, vergebt mir dies, doch bin gewiss, das alles reine Wahrheit ist.

Na, alles verstanden,
alles gelesen?

Gedichte und Reime für jeden
Anlass, geeignet zum Lesen oder
zum Vorlesen. Mal albern, mal
politisch, gelegentlich tiefsinnig,
einige sind gewiss auch eine Spur zu
unanständig.
Vor allen Dingen sind sie ohne jede
Rücksicht auf sprachliche oder
sachliche Zwänge geschrieben.
Mal gegen das große Geld, mal
gegen die Geistlichkeit, und immer
wieder einmal gegen den Egoismus
einer satten, einer vollgefressenen
Welt.
Ich habe vielen Zeitgenossen auf die
Füße getreten, aber das habe ich
gerne getan, hoffentlich hat es
geschmerzt.

9 783748 163152